中国字

讲述中国人的思维和汉字的故事

孔亚平
KongYaPing ——— 著

人民日报出版社
北京

图书在版编目（CIP）数据

中国字：讲述中国人的思维和汉字的故事 / 孔亚平著. —北京：人民日报出版社，2020.11
ISBN 978-7-5115-6599-0

Ⅰ.①中… Ⅱ.①孔… Ⅲ.①汉字-青少年读物 Ⅳ.①H12-49
中国版本图书馆CIP数据核字（2020）第200576号

书　　名：	中国字——讲述中国人的思维和汉字的故事
	Zhongguo zi——Jiangshu Zhongguoren de Siwei he Hanzi de Gushi
著　　者：	孔亚平
出 版 人：	刘华新
策　　划：	王慧蓉
责任编辑：	王慧蓉
插　　图：	刘晓筱　程曦
出版发行：	人民日报出版社
社　　址：	北京金台西路2号
邮政编码：	100733
发行热线：	（010）65369527　65369846　65369509　65369510
邮购热线：	（010）65369530　65363527
编辑热线：	（010）65369844
网　　址：	www.peopledailypress.com
经　　销：	新华书店
印　　刷：	大厂回族自治县彩虹印刷有限公司
开　　本：	710mm×1000mm　　1/16
字　　数：	220千字
印　　张：	18.75
版次印次：	2020年11月第1版　2023年9月第4次印刷
书　　号：	ISBN 978-7-5115-6599-0
定　　价：	45.00元

承传经典，从解读汉字开始

杨朝明

最初一看到《中国字——讲述中国人的思维和汉字的故事》这个书名，我就觉得这个选题特别好。用中国字讲述中国思维，讲述中国人的故事，意义非同寻常。

我从事儒学与传统文化研究，所以当我看到书稿后，就马上想到有两个字可以好好讲。

第一个是"儒家"的"儒"。我刚刚读硕士研究生的时候，曾与同门师兄弟专门去四川大学拜见过我们崇拜的徐中舒先生。先生研究先秦史、古文字，曾是中国先秦史学会会长。记得先生在《四川大学学报》发表过一篇文章，叫《甲骨文中所见的儒》。现在很多人对于什么是儒说不清楚，其实文字就能说明问题。

大家知道，中国字的形声字后来才多起来，最早会意字、象形字相对更多一些，"儒"本来也是一个会意字。儒，最早可能没有单人旁，而是作"需要"的"需"，下部的"而"为一个人形的讹变。隶定之后，就是"需"的样子。这个字就像一个人在沐浴濡身。那么，它与儒家、洗浴有什么关系呢？

孔子创立儒学之前，"儒"可能是相礼的人，在礼仪活动前，他们需要斋戒沐浴，洗干净自己。所以，"儒"是祭祀等重要礼仪活动的主持者，故《礼记》说"儒有澡身而浴德"，《孟子》说，虽有恶人，斋戒沐浴则可以祀上帝。与古代的"儒"一样，孔子创立的儒学也有"濡"的功能，此即前人所解释的：儒者濡也，以先王之道能濡其身。孔子令弟子做"君子儒"，就是让他们关注人心、关心社会。不但洗干净身体，更要洗干净心灵。《中国字——讲述中国人的思维和汉字的故事》里的文化思想继承前人，乃"述而不作"，这也是孔子的文化观，作者正是效法孔子。孔子"祖述尧舜，宪章文武"，他传述尧、舜、禹、汤、文、武等的先王之道"濡"其身，儒学就是这样创立的。所以，如果把这个"儒"解释清楚，那中国人的思维就很清楚了。

第二个是"君子"的"君"。以前我读《孔子家语》的时候，忽然发现这个"君"或"君子"挺有意思。从古文字上讲，"君"字上面是"尹"，下面是"口"。"尹"就是手里拿了个东西，或许它就是权杖，是权力的象征，《说文解字》就这样解释的。20世纪90年代，在湖北省荆门市的郭店楚墓里发现了一个手杖，据说它的主人是"东宫之师"。他是有地位的人，这可能就是他的手杖。君子，本来是对贵族男子或为政者的称谓，是指有其德在其位的人，是为政做官的人的通称。现在一提到君子，就是指有素养的、高尚的人。

为什么为政做官的人是高尚的人？因为责任大，所以要求高；既然是尊贵的人，就应该是高尚的人。为政以德很重要，政者正也，政治的"政"，就是正确的"正"，为政者不正，百姓何所正焉？所以孔子说：其身正，不令而行；其身不正，虽令不从。子帅以正，孰敢不正？所以，既然有位，就该有德，这就是君。

我们称一个人为"君子"，是说他是有教养的人。按照《孔子家语》所记孔子的说法，一个人被称为君子，是因为他有教养。孩子有教养乃是父母所教，因为"养不教，父之过"，所以夸赞一个人是"君子"，则有他是"君之子"之意。这就是说，夸赞一个人是"君子"，实际上是说他父亲像个君。一个人有教养，是成就了父母。一个人被称为君子，实际上就是说他们的家教，他们有教养。

曾子说过一句话叫"大孝尊亲"，这里是使动用法，是说"最大的孝是使亲尊"。一个人有教养，符合社会价值的要求，他的行为就得到了社会的认可，也就给父母、家庭、家族、家乡带来了荣耀，他的父母也会由此受到尊荣。所谓"大孝尊亲"，是要人们将家庭伦理与社会伦理、家庭教育与学校教育打通，此即所谓"不入主流，难成一流"。个人的所作所为，要符合或遵循社会价值观的需要，这才是对父母的大孝。怎样才是好的家风？《大学》说得好，"欲治其国者，先齐其家""家齐而后国治"，修身是为了齐家，齐家是为治国平天下。好家风的底色是道德，这也符合中国传统的忠孝统一观念。

总之，中国字连接着中国思维，在我国古人的介绍中，仁者，人也；义者，宜也。礼者，理也；智者，知也。道者，导也；德者，得也。夫者，扶也；妻者，齐也……中国字，妙极了！可以说，每一个中国字都密切关联着中国的历史，联结着中国人的文化。每一个字都承载着中国的智慧，讲述中国的故事。

就目前关于"中国字"的介绍而言，不少古汉字读物把注意力放在了单字字形、字义上，字与字之间的关联比较少，但字与字、字与万物、字与义都是相联系的，它们是文化思维的一部分。人们的认识和理解不能仅仅停留在符号上，不宜用现代人思维穿凿附会。在古代中国，学习作为"小学"的古文字，目的在于正经补史。所以对古汉字的讲解，最好回归古人思维，延伸到传统思维系统中。

值得称道的是，《中国字——讲述中国人的思维和汉字的故事》把目标读者定位在青少年学生。青少年是民族和国家的未来，如果能让青少年读者在书中触摸我们的根文化，那是再好不过的了。一棵树，其生命力取决于它的根有多深，根深蒂固，才会枝繁叶茂。本书的内核是表达往圣先贤智慧。本书在本源上用力，在"人文源自天文，以天伦定人伦"以及"观天以演文，据文以造字"上致思，还强调文字背后的思维模型，之处本质上与《易经》系统的关联，不少解释都令人耳目一新。

是为序。

2023 年 4 月 27 日

目 录

第一课　学 / 5

第二课　习 / 9

第三课　智 / 13

第四课　慧 / 18

第五课　聪 / 21

第六课　明 / 25

第七课　圣 / 31

第八课　贤 / 35

第九课　教（上）/ 41

第十课　教（下）/ 45

第十一课　育 / 48

第十二课　方 / 53

第十三课　向 / 57

第十四课　朋 / 60

第十五课　友 / 65

第十六课　身 / 68

第十七课　体 / 72

第十八课　中（上）/ 78

第十九课　中（下）/ 82

第二十课　华 / 85

第二十一课　格 / 91

第二十二课　局 / 96

第二十三课　文 / 101

第二十四课　字 / 107

第二十五课　孝 / 112

第二十六课　帝 / 116

第二十七课　迷 / 124

第二十八课　惑 / 128

第二十九课　解 / 133
第三十课　释 / 139
第三十一课　化 / 144
第三十二课　言 / 151
第三十三课　语 / 155
第三十四课　论 / 159
第三十五课　说 / 164
第三十六课　元 / 168
第三十七课　玩 / 172
第三十八课　尊 / 176
第三十九课　卑 / 180
第四十课　比 / 184
第四十一课　北 / 189
第四十二课　人 / 193
第四十三课　仁 / 201
第四十四课　为 / 207

第四十五课　富 / 213
第四十六课　强 / 219
第四十七课　民 / 222
第四十八课　主 / 226
第四十九课　生 / 230
第五十课　立 / 235
第五十一课　志 / 240
第五十二课　礼 / 245
第五十三课　乐 / 252
第五十四课　天 / 259
第五十五课　平 / 266
第五十六课　春 / 270
第五十七课　夏 / 276
第五十八课　秋 / 281
第五十九课　冬 / 286
第六十课　陪伴 / 290

　　清晨，阳光从茂密的树叶中间穿透出来，在地上形成斑驳的光影。枝头，鸟儿清脆地鸣唱着，还不时地在树与树的枝杈中间跳跃着、扑翅着。

　　鹿鸣仰起头，看着头顶上的鸟儿，轻声道："小鸟是不是在指引我们去往育贤书院的方向呢？曲阜不愧是圣人的故乡，你看连鸟儿都这么'知书达礼'。"

　　转过一道弯。杜若说道："鹿鸣，前面不就是育贤书院吗？我都看到门匾上的大字了，是不是，小雅？"

　　小雅连连点头："总算到了，我的腿都走酸了。今天是书院开课的日子，我们别迟到了！"

　　终于要到达目的地了，三个人一下子来了精神，三步并作两步地来到书院的大门口。鹿鸣看到大门两侧镶嵌着一副对联，于是轻声地念："学而时习明古今大道，复其自得见天地之心。"

　　"欢迎新同学来到育贤书院！"鹿鸣刚念完对联，一位三十来岁，戴着眼镜，身着长衫，体态硕长，儒雅的先生从院子里走出来，乐呵呵地笑着。

　　鹿鸣赶快向杜若和小雅递眼色，于是三个人规规矩矩地站好，齐声鞠躬说："先生早上好！"

　　"好，好，好！"先生笑着，领着他们穿过清幽的小院子，池塘里的金鱼和中华草龟听到动静，也探出水面，打量着这几位不速之客。好奇心重的鹿鸣刚要伸手去逗弄小金鱼，杜若在他背后轻轻拍了一下。鹿鸣笑了，赶忙跟上了队伍。

行走间，小雅悄声对杜若和鹿鸣说："我们这位先生对天文、地理、人文、历史都精通，听说他三岁就在家庭的熏陶之下学习中国文化，经、史、子、集样样熟悉呢。更难得的是，先生授课的方式是以文字为枝，以传统的易道思想为根，以古代经典为主干，上下贯通。由于宋明以后，很多文化被误解了，只有学习好文字才能更正确、更轻松地解读典籍。学完我们不仅能说文解字，更重要的是能学会汉字的思维方式——这也是中国人以前的根本思维方式，这样最容易进入经典的学习和阅读当中。而我们的古汉字课最终目的是学以致用、指导人生。"

杜若由衷地说："有这样一位好老师，我们不愁掌握不了古汉字的精髓了。"

说话间，一行人来到了书院中庭，这里矗立着一尊孔子的雕像。高大的雕像惟妙惟肖，笑眯眯的孔子拱手为礼，仿佛在欢迎这三名求知若渴的学生。

从雕像旁边绕过去，就是三间方方正正的大书房了。在书院里帮忙管理日常生活的王婶儿脸上带着笑意，上前打开房门，向小雅几个人示意。

鹿鸣带头，轻轻地走了进去。只见书房里陈列着几张古色古香的课桌，课桌上面摆放着文房四宝，淡雅清幽。旁边还有一个弯弯曲曲的楼梯，直通二楼。

同学们来到书院,对学习古汉字知识充满了期待

"你们就坐在那张桌子旁吧，那是你们三个人的座位。"先生随手指向左边的一张八仙桌。

小雅快步上前，坐在了下首的位置，轻声对鹿鸣和杜若说："我年纪小，理应坐在这里。"

杜若笑着，挨着八仙桌的左边坐了下来。她好像在寻找什么，眼睛四下打量了一遍，举手问道："先生，怎么不见您拿着戒尺呢？"

先生先是一愣，很快明白了杜若的意思，他笑着道："是不是想着打手心呢？这可是我的'法宝'，不会轻易让你们看到的，谁学习落后了，我可要拿出来惩戒的。"

鹿鸣轻轻地看了杜若一眼，也赶紧在自己的位置上坐好了。

先生扫视了大家一眼，轻轻地咳嗽了一声，示意大家安静，然后开口说道："从今天开始，我们要学习属于古代小学的汉字知识，从每一个汉字开始，掌握它的字形、字义。当你们真正理解并掌握了每一个汉字的含义之后，你们就会成为'汉字小博士'了。"

"汉字小博士？太好了！"鹿鸣、杜若及小雅会意地交换了一下眼色，眼神里充满了渴望和喜悦。

"汉字小博士可不是那么好当的，要勤学苦练，善于思考和提问。'梅花香自苦寒来'，大家都懂得这个道理吗？"

"刻苦努力之后才能有收获。"小雅快言快语。

先生赞赏地看了一眼小雅，继续说道："好了，今天我们开始正式上第一堂课。大家都快坐好了！"

第一课 学

金文

"今天第一堂课,我们先从哪一个汉字开始呢?"先生一边问,一边拿起毛笔,笔走龙蛇,在黑板上写下了一个大大的汉字。

"这是什么字啊?笔画那么多,我有点头晕。"鹿鸣迷惑地问道。

小雅若有所思,想了想道:"鹿鸣你看,这个字的上半部分,笔画有点儿像手一样;下半部分,似乎有一个小人儿住在这个小房子里,多有趣。"

杜若点点头:"这是古汉字。我听大人们说过,说汉字经历了甲骨文、金文、大篆、小篆、隶书、草书、楷书、行书的演变过程,才有了我们今天看到的模样。"

先生微笑着看着大家,其实他是故意让大家先讨论一番,引导出接下来的讲解。于是先生接着杜若的话语说道:"对,这就是古汉字，我写的是金文，这个金文汉字认作'学'。'玉不琢，不成器；人不学，不知义'，人和人的差别就是从'学'拉开距离。《尚书·说命》曰：'念终始典于学。'就是告诉大家永远保持'学'的状态。"

小雅问："先生，孔子说'吾十有五而志于学，三十而立，四十而不惑，五十而知天命，六十而耳顺，七十而从心所欲，不逾矩'，那么如何能达到知天命、耳顺、从心所欲的境界呢？"

先生道："这句话不难理解，人都是从十五岁志于学开始的。人生三件大事：做人、做事、做学问。而做人、做事都是由'学'开始的。可以说，'学'是人生的头等大事，再怎么强调'学'的重要性都不为过。可以说'学'伴随了我们一生，可是如果问大家，到底什么是'学'呢？今天我们就正式庖丁解牛地讲一下'学'。大家再仔细看看，金文的'学'，是不是和现代简体的'学'仍有点儿相似呢？"

"啊，字形真的很像'学'呢！"鹿鸣一副如梦方醒的样子。

"古人为什么将'学'写成这个样子呢？"先生继续启发。

"大约是表示孩子们在房子里安安静静学习的样子吧？"杜若先开口说。

"那上半部分的'两只小手'表示什么呢？"小雅向杜若提出反问。

杜若歪着头，陷入了沉思之中。

先生笑了，指点说："两只手，说明有大人在旁边看管着孩子啊！就像现在我和你们的关系一样。"

这时,一只花猫领着两只小猫咪从书房门口经过,大摇大摆的样子憨态可掬。

杜若连连点头:"真的很形象啊,就像老猫也在看护小猫一样。古人造字太形象了!"

小雅补充说:"下半部分小房子里的那个'子',多像人的形体啊!上面是头,下面是手和身体。"

先生赞同说:"小雅说得没错,这个'子',就是代表小孩子的意思。其实在古代社会,'子'还有更深层的含义。大家能想得到吗?"

小雅他们三个人的眼里闪烁着求知的光芒,他们第一次触及博大精深的古汉字文化。

先生继续说道:"'子'包含了学的对象、时间和方向。学习的对象,就是像你们一样求知的孩子;学习的时间呢,就是要从小启蒙——古时候有很多蒙学读本,如《三字经》《百家姓》《千字文》《声律启蒙》等;学习的方向,是指学了之后究竟要成为一个什么样的人?古人以学有所成、能成为圣贤为第一追求目标,所以老子、孔子、庄子、孟子等人,被大家尊称为'子'。从最初一个一无所知、懵懵懂懂的孩子,通过学习成为志在圣贤那样的人,这就是渐觉的过程,所以在《说文解字》里,对'学'的解释就是'觉'。"

"那么,两只手里面的那个'××'是什么意思呢?"小雅问道。

先生不紧不慢地接着讲解道:"我们先来看两只手。这里的两只手，有这样三层意思。一个意思，是要手把手地教，相当于教授、指教，指言传。第二是要做给你看，即身教。合起来完整的理解，就是言传身教的意思。最后还有一层意思，大家都想到了——小孩子好动爱调皮，旁边需要有人好好看管着呢！"

小雅和杜若对视了一眼，望着一旁尴尬挠腮的鹿鸣，不由乐得笑出了声。鹿鸣大约感受到了大家善意的笑意，脸一下子变得红通通的。

"'××'，其实念'爻'。首先，'爻'代表学的方式，一个在上，一个在下，即上行下效，'爻'就是效仿、模仿的意思。上和下不仅代表位置，也代表时间——鉴古知今，学史明智。其次，'爻'还代表学习的内容，'爻'是八卦的组成符号，常被用来指《易经》——古人认为，经典都是从《易经》中生出去的，所以它被称为群经之首，学'××'也就是学习经典书籍的意思——了解掌握了经典的精妙内容，我们就可以成长为国家的栋梁之材。"

小雅惊叹道："想不到一个小小的'学'，竟然有这么丰富的含义呢——在安静的书房里，学生求知若渴地跟着老师学习典籍，学有所成后成为社会的有用人才。哈哈，这堂课太增长知识了。"

先生点点头，道："所谓一笔一世界，一字一乾坤，每个汉字都是一个宝藏。只有进入古汉字的学习了，才能够体会到汉字大美。"

同学们，"学"这堂课讲完了，你们掌握了吗？我们下一堂课再见！

第二课 习

甲骨文

第二天一大早,鹿鸣、杜若和小雅早早地来到了书院。

王婶儿早已将院子打扫得干干净净,老猫带着小猫,在院子里来回溜达着。

鹿鸣挨个抚摸了小猫一遍,这才步入书房,坐在自己的位置上东张西望。杜若小声提醒他:"鹿鸣,你是患上多动症了吗?马上就要上课了,能不能安静一些?看人家小雅气定神闲的样子。咱们多学着点。"

鹿鸣不以为然,对杜若说:"我是男生,你和小雅是女生。每个人的生活习性都有差别,何况我们还有男女天性之别呢!"

小雅笑了,道:"就你爱狡辩,什么男女天性差别,分明就是你有好动的习性。"

杜若赞同地向小雅打了一个手势。鹿鸣刚要找话反驳,先生从外面走了进来,说:"鹿鸣说得有几分道理啊!《三字经》里面有这样一句话:'人之初,性本善;性相近,习相远',说的就是人的天性相似而后天言行举止却有差异。大家开动脑筋想一想,为何人们的天性相近,后天的行为却千差万别呢?"

说到这里,先生笑眯眯地看着大家,鼓励同学们发言。

小雅灵光一闪,回答说:"每个人先天的纯真本性差不多。因后天生活环境和经历的不同,造成了后天习性的不一致,对吗?"

先生没有说话,只是点点头。而后扭转身,在黑板上写下了一个大大的古汉字。

杜若轻声说:"这是'习',我认得,这是它的甲骨文的写法。"

先生清了清嗓子,说道:"是的,这是'习'的甲骨文。上一堂课,我们掌握了'学'的含义,而'习'是我们今天所要学习的汉字。大家看,甲骨文的'习',上面是羽毛的'羽',下面是'日',古人为什么要用这样的字形来代表'习'呢?"

外面传来一声鸽子的叫声,几只鸽子展翅从窗户外一飞而过。

鹿鸣灵机一动,抢先回答说:"我知道,是小鸟展翅向着太阳飞,对不对?"

杜若和小雅听了,不由得乐出了声。鹿鸣一脸茫然地看着她们,不知道为何招惹了她们发笑。

先生笑了一下,说道:"鹿鸣,你这是'望文生义'。上面的'羽',是羽毛的意思,不是翅膀。小鸟刚出生时,有羽毛但是翅膀还未完全形成,它们要想在天空中遨游,就要每天练习飞翔的技能，一天一个变化，一天一个进步，最终才可展翅高飞。《易经》的坎卦在提到'坎'时，指的是磨难——不断经历磨难，在磨难中不断成长，是我们人生的必修课。"

杜若点头说："我明白了，这里的'日'，是天天练习的意思，可不单是'太阳'的含义。"

小雅也备受启发，接着道："杜若说得对！就如我们，学习了书本上的知识，一方面要反复练习，巩固提高；另一方面，还要学会理论和实践相结合。'实践是检验真理的唯一标准'，通过实践，更直观地掌握书本上的理论知识，'学以致用'就是这意思。"

鹿鸣恍然大悟，他钦佩地看着小雅，补充说："前天晚上，我背了《论语》，对'学而时习之，不亦说乎'这句话印象深刻。现在我懂了：学习了书本上的知识之后，要不断地练习、实践，从生疏到熟练，最终完全领会掌握，达到那样的境界之后，内心就会充满快乐。"

小雅说："说到孔子，我想到一个关于他的故事。当年孔子曾向师襄子学琴，学了十天他仍不打算学习新曲子。师襄子对他说：'可以学下一曲了。'孔子说：'我虽已经熟悉乐曲的形式，但还没有掌握方法。'过了一段时间，师襄子说：'你已经会弹奏的技巧，可以增加新学习内容了。'孔子说：'我还没有领会曲子的意境。'过了一段时间，师襄子说：'你已经领会了曲子的意境，可以增加新学习内容了。'孔子说：'我还不了解作者。'又过了一段时间，孔子神情俨然，仿佛进到新的境界，说道：

'我知道他是谁了:那人皮肤深黑,体形颀长,眼光明亮远大,像个统治四方诸侯的王者。若不是周文王,还有谁能撰作这首乐曲呢?'师襄子听到后,赶紧起身拜了两拜,回答道:'老琴师传授此曲时就是这样说的,这支曲子叫作《文王操》啊!'孔子不断地重复练习一首琴曲,最后彻底掌握琴曲的精髓和奥妙,所以他才'不亦说乎'啊!"

杜若在一边补充说:"简单地说,'学'是把不知道的变成知道的。而'习'是把知道的变成会的,从生疏到熟能生巧。是不是呢?"

先生点点头,说:"今天学习了'习',经过我们的分析讨论,大家加深了对这个字的了解和认识,就像鹿鸣——从最初'望文生义'到学会联系总结,最后彻底弄清楚古人造'习'字之初的良苦用心。当我们真正掌握之后,就会像孔子那样变得'不亦说乎'了!"

先生的一番话,说得小雅几个都发出了会心的笑声。

同学们,"习"这堂课讲完了,你们掌握了吗?我们下一堂课再见!

第三课 智

甲骨文

金文

课堂上，小雅对鹿鸣提问说："前两天你背了《论语》中'学而时习之，不亦说乎'这句话，今天我来考考你吧。你给我和杜若讲讲'人不知而不愠，不亦君子乎'这句话的含义吧？"

杜若附和道："对，对，对！'学而时习之，不亦说乎？有朋自远方来，不亦乐乎？人不知而不愠，不亦君子乎？'这一段话，可是首尾相连的，你别说你还没背到呀！"

鹿鸣一副胸有成竹的样子："当然背到了。这句话的意思是说：'我讲的话语别人不知道或者不了解，我也不怨恨。做到这一点，就是君子了。'是不是呀？"

说完，得意的鹿鸣还哼起了小曲。

突然，先生背着手走到了鹿鸣的身旁，轻声阻止说："鹿鸣，上课不能哼小曲，小心戒尺伺候哦！"

鹿鸣回头看到先生，惊讶地张大嘴巴，反应迅速的他，很快坐正了身子,像一个规规矩矩听讲的好学生。

先生一边向讲台走去,一边念道:"'人不知而不愠,不亦君子乎?'古时候,'知'和'智'是相通的,同学们,知道吗?"

杜若回答说:"知道,它们是通假字,相互之间起通用、借代的作用,用读音或字形相同、相近的字来代表本字。'知'是'智'的本字。"

先生在黑板上写出"知"的甲骨文和金文,继续启发:"同学们认真观察一下,这个字的甲骨文和金文有什么区别呢?"

鹿鸣举手回答:"这个我知道。'知'的甲骨文,左边是'干',中间是'口',右边是'矢';而'知'的金文,下面多了一个'日'。"

小雅纠正说:"不对!鹿鸣你总是粗心大意,好好看一看,我感觉是'曰'!扁扁的,可不像方方正正的'日'。"

先生点头说:"小雅的观察力非常细致。金文的'知',下面确实是'曰',指口才、会说话。简言之,有好口才的人,有智慧。"

杜若问道:"聪明的古人!为什么要用'干''口''矢'来组成'知'呢?"

先生赞许道:"杜若的提问很好,说明经过这两堂课的学习,同学们已开始掌握古汉字分析和思考的能力了。古人造字,绝非心血来潮,每一个汉字的来源和起承都有讲究。这里的'干',表示的是木制的兵器;'口',指通过言传身教的方式,告诉你怎么射箭;显然,右面的'矢',指的就是弓箭了。联系起来,就是射箭、打仗的意思;进一步延伸,就是讲如何狩猎、如何作战的谋略。同学们想一想,古人为什么要用射箭、打仗来表示智慧的意思呢?"

课堂上暂时陷入沉默。屋角鱼缸里的小金鱼,不停地游来游去,似乎在催促着他们赶快思考——打仗和智慧之间,究竟有什么关联呢?

先生进一步启发大家:"《左传》上讲,'国之大事,唯祀与戎'。古人认为,一个国家中祭祀和打仗是最重要的两件事情。说到这里,同学们是不是联想到了一些呢?"

小雅若有所思地推论说:"既然打仗是国家大事,那么懂得打仗的人,一定是具有大智慧的人。谁有军事谋略,谁就是智慧的化身,因此古人用'知'来表示。先生,是不是可以这样理解?"

先生向小雅投来了赞许的目光。

杜若也托着腮帮子问道:"到了后来,为什么'知'的甲骨文和金文,变成'智'的模样呢?"

鹿鸣在一边也附和道:"对,对,对。下部的'曰'也变成了'日',我说刚才怎么看着像'日'呢!"

先生笑着说:"汉字就是如此富有趣味!'知'和'日',表示人们懂得了太阳运行的轨迹,明白了时间的变化。这里的'日'是日晷的意思,古时候的日晷,是用来测量日影移动的路线的,以此来确定每天的时辰。正因为我们智慧的祖先有了较为准确的时间概念,才在这样的基础上制定了历法,历法的确立是中华文明的重要象征。"

杜若补充说:"我知道。爸爸给我说过,古时候的农历,也叫作夏历。"

先生道:"《管子》就曾说过,'四时能变谓之智'。能够通晓历法,知道四时变化,制定出历法指导农业生产,在古人眼里这是一种大智慧。"

说到这里,平时温柔敦厚的先生的眼里放出了异样的光芒,他提高声调说:"同学们都知道吗?在古代,我们四周的小国都崇拜中华文明,赶着来给中原王朝进贡。他们来到中国后,以能够取得中国的历法回去为荣。可以说,中华文明照亮和影响了我们周边国家文明史的进程。"

鹿鸣惊叹道:"万国来朝,背后含有这样的意义,我为自己是一个中国人而感到骄傲。"

先生转向鹿鸣,笑着道:"我们把'智'的来龙去脉讲清楚了,现在该纠正你刚才犯下的错误了吧?"

"我吗?哪里错了?"鹿鸣用手指着自己的鼻子,一脸疑惑的表情。

小雅道:"先生指的是'人不知而不愠,不亦君子乎'这句话!不是刚才你所解释的那样。"

鹿鸣睁大眼睛望着先生。先生不慌不忙地解释说:"打个比方,别人不懂你话语的意思,你会勃然大怒吗?如果这样,是不是太没有涵养了呢?假使这样的话,每天不知要生多少次气呀!其实呢,孔子这句话,是指人与人之间的格局不同,胸襟大小有差异,看问题的视野和眼光不一样,这一切,都归结到个体智慧的差异。拥有大智慧的人和愚笨的人不在同一个层次,然而作为君子,却看透不说透,云淡风轻,这才是谦谦君子的表现。不计较、不生气，也是一个人智慧的体现。是这样的一个道理吗？"

先生的一席话，让小雅几个张大了嘴巴，佩服万分。

"那么我们又该如何获取大智慧呢？"先生又不失时机地抛出了一个问题。

杜若小声道："今天这堂课，真的是烧脑啊！……不过我喜欢。"

小雅歪着头想了想，道："首先是学习文化知识，提升认知力；其次是养成思考的习惯，'学而不思则罔，思而不学则殆'，多思考，提升理解力；最后是具备洞察力，能够看透事物表面的现象，由表及里，这是洞察力，是这样吗？"

先生频频点头，又将目光看向杜若，杜若在此期间张了几次嘴，似乎有话说。

在先生目光的鼓励下，杜若说："我补充一点：融会古今历史，明了过去未来。人们常说'读史使人明智'，历史是人类经验的总结，多读历史也是汲取智慧营养的重要方式。"

先生笑了："前两堂课，我们掌握了'学'和'习'，同学们很快就掌握举一反三的思维了，这是很大的进步，也是有智慧的体现。下一堂课，我们准备学习哪个汉字呢？"

三个人几乎异口同声地回答："慧！"

同学们，"智"这堂课讲完了，你们掌握了吗？我们下一堂课再见！

第四课 慧

篆文

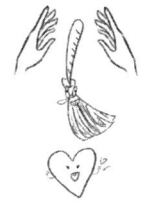

黑板上,先生早已将"慧"大大方方地写在了上面。

鹿鸣歪着脑袋端详了一番,道:"先生,它怎么不像是甲骨文或金文呢?"

先生点头道:"鹿鸣同学也越来越有辨别力了,'慧'的甲骨文缺失,今天我们就用它的篆文来替代。"

小雅此时说道:"先生,我知道'慧'最初所表示的含义。古时候做扫帚的材料是一种极茂盛的细枝草,类似我们现在说的狗尾巴草,这种植物还结种子,经过人的改良就变成吃的小米了。上面的'丰'就是指人类吃的粮食、草籽,两个'丰'加在一起,表示五谷丰登,用吃的祭祀。手捧着最好的食物来祭祀。"

先生笑道:"小雅说得很对!'丰'后来又演变成用绳子穿

起来的玉。古代祭天除了用五谷外,还用玉器——春天用青玉,夏天用红玉,秋天用白玉,冬天用墨玉。把玉穿成串放在祭盘里,祭祀天地。加上下面的'心',又表示什么意思呢?"

杜若回答说:"我认为是用扫帚将人心灵上的脏东西扫除干净,起到净化心灵的作用,心灵明净了,就是'慧'。"

小雅眼睛里闪烁着光芒,提问道:"那要扫什么心?又获得什么心呢?"

先生道:"小雅这个问题提得非常好,也是我要重点讲述的。'慧'下面的'心',从左到右分别是偏心、勾心、歪心,只有把三个心都扫除了,才能得到中间那颗至正至诚的天心,而天心就是指'止于至善'的那颗善心,是人最光明的本心。就像彗星光扫了天空一样,而人则是手拿着扫把在扫,扫天扫地,也要扫自己的心,只有洗心,才能革面,扫三心得天心。拥有了天心,就可以像《大学》里所说的'知止而后能定,定而后能静,静而后能安,安而后能虑,虑而后能得'那样,由静中得到慧。"

杜若道:"我明白了,'苟日新、日日新、又日新',其实讲的就是在扫心的基础上,让自己的学业和智慧得到不断的提升。"

先生纠正说:"'智慧'这个词语,两个字分开讲的意思是不同的。有脑叫'智',有心才叫'慧';学到的叫'智',习到的叫'慧';'智'是知道,'慧'是做到、是把'智'落实在行动上。智慧不同于智商,智商高的人智慧不一定高;智慧也不同于知识，知识多的人智慧也不一定高。智商是定数，智慧是变数。一个大智慧的人在各方面都可以得心应手。智慧、格局、境界是同步上升的，格局和境界到位了，他的智慧自然会助其披荆斩棘、乘风破浪。同学们都明白吗？"

这次鹿鸣的反应最快，大声道："明白！今天回家我就要帮助父母做家务，从扫地开始，然后'扫屋''扫天下'，努力学习，逐步拥有大智慧。"

鹿鸣的话，让大家发出善意的笑声。

同学们，"慧"这堂课讲完了，你们掌握了吗？我们下一堂课再见！

第五课 聪

 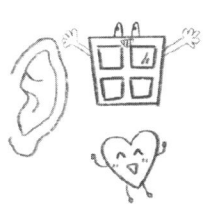

金文

课堂上，先生背着双手，用抑扬顿挫的声调讲道："今天我们讲第五课，第三、第四课，我们学习了'智'和'慧'。同学们开动脑筋想一想，和这两个字词义相似的词语，还有哪些呢？"

杜若轻声回答说："'聪'，算不算呢，先生？"

先生点头，扭身在黑板上写下了"聪"的金文。启发说："同学们认真观察一下，这个字的字形有什么特点呢？"

鹿鸣说："左边字形呢，像一个人的耳朵；右边字形上面像是窗户的样子，下面是'心'。"

蹲在窗沿的小猫不失时机地"喵，喵"了几声，似乎在提醒鹿鸣它的存在。

小雅看了一眼趴在窗台上偷听课的小猫，随即提问说："耳朵和心的字形都好理解，耳朵代表听，心代表思考，这都和'聪'有一定的联系，但为什么有窗户的'囱'呢？'聪'的金文中窗户的'囱'，却为何变成了烟囱的'囱'呢！"

先生赞许道："小雅抓住了问题的核心。古人造字的时候，绝不会随意添加无关的偏旁，每一个汉字，都是他们智慧的结晶，也经过千百年实践的检验，极具生命力。我们知道，汉字的创造过程中，使用了很多'象'的手法。《说文解字》上讲：'象者想，像也。'具体到'聪'的偏旁，即'囱'上面，我们仔细看，是不是'囱'上面有一个'穴'呢？'穴'和'囱'连起来，表示的就是我们的头顶部位有个穴，成人之后叫百会穴。小孩儿的囟门在三岁前，还没完全闭合。囟门就是天门开阖的所在，小婴儿的囟门未闭合的时候，是往外凸起的。'囟'的意思是百会通，一直保持小孩三岁之前那种通天达地的通道——古人认为，百会是连接天的通道，百会打开就能连接。"

杜若赞叹着说："汉字真是博大精深、神奇奥妙啊。每一个汉字背后都蕴藏着学问，用窗户、烟囱的形象代表人的囟门，以此表示人们接受天地自然无穷知识的含义，古人真是太聪明了。"

小雅也总结说："耳朵灵敏，心中明亮，直觉敏锐，善于捕捉真相，这就是聪明。鹿鸣，你头这么大，囟门肯定也大。你说，你聪明吗？"

鹿鸣不好意思地伸手摸摸自己的大脑袋，笑着说："头大是天生的……我感觉我很聪明吧！"

先生也被鹿鸣的话给逗笑了，笑着说："鹿鸣很聪明。但头大不一定代表聪明，古人认为，聪明是很难达到的。《庄子·外物篇》上说：'目彻为明，耳彻为聪。''聪'强调耳朵灵敏，善于通过辨听声响来洞察环境。依靠灵敏的耳朵辨听声响、判断异动，早期的古人在恶劣的生存环境里和野兽搏斗、和大自然做斗争，因此敏锐的听觉，成了他们丛林生存竞争的关键技能。后来，古人在造字的时候，刻意强调耳的能力。有了耳，那么如何才算得上聪明呢？"

小雅想了想道："估计是让人们少说多听吧？"

先生点头说："对！我们小时候还不太会说话，只能通过耳朵多听，去了解和感知这个世界。大了之后我们会说话了，却听得少了，反而迷失了自我。字形中为什么有两只耳朵、一张嘴？就是让我们少说多听！可是有些人常常反着来，别人说的不愿听，只愿夸夸其谈地发表自己的意见。而且，中国人内敛含蓄，很多话说一半藏一半，如果不仔细去听，又如何能够听懂弦外之音呢？所以要想变得更聪明，就需要多听——用心听、静心听，这样才能让我们更好地应对各种问题。"

小雅提问道："先生，'六十而耳顺'的'耳顺'，是什么意思呢？"

鹿鸣悄声对杜若说："小雅真是学霸一枚，古文经典信手拈来，以后我也要多学习、多背诵，做一个聪明的学生。"

先生道："这个问题非常好！六十而耳顺！一个甲子六十年。耳顺在这里，就是不管别人说什么我们都能坦然接受，好听的、不好听的，都能坦然接受。耳顺之后呢？就能进入下一个境界，

'七十而从心所欲,不逾矩'。一切都在自己掌控之中,不以物喜不以己悲,不卑不亢,不骄不躁,这种状态就是《中庸》里面讲的'中和'的状态。中就是和,和就是中。为什么能到达这种状态呢?关键在于前半生的积累:三十而立,四十不惑,五十而知天命。这一步一步的功夫就是我们做学问所循序渐进的遵循,不能跨越——没有古文字知识的积累,真的很难读懂经典。因此,同学们认识到汉字的伟大和奇妙之处了吗?"

鹿鸣等同学齐声响亮地回答:"认识到了!"

同学们,"聪"这堂课讲完了,你们掌握了吗?我们下一堂课再见!

第六课　明

　　甲骨文　　　　金文

　　初夏晨露未晞，刚过六点半，鹿鸣、杜若、小雅早早来到了书院。昨天下午放学时，先生告诉他们，今天一定要在六点半到校。令他们惊讶的是，虽然他们起得早，先生却更早，他们一进书院的大门就发现先生已经静静地站立在院子里的树荫下，等候着他们。

　　鹿鸣打着哈欠问道："先生，今天为什么要让我们这么早来呢？我的瞌睡劲儿还没下呢！"

　　先生笑而不语，伸手指向天空，示意他们有所发现。

　　初夏时分，晨曦微露，红彤彤的太阳从东边露出小脸，可是在另一边，还挂着半边残月。

　　小雅反应最快，脱口而出："先生，今天是不是要给我们讲'明'呢？昨天讲了'聪'，今天又让我们看日月丽天的景色，

先生一大早就来到书院,站在树下等同学们

我猜得对不对？"

先生哈哈大笑："聪明的丫头！"说着他将早已准备好的一张纸挂在了背后的树上，上面写着"明"的甲骨文。

杜若也说道："一边月，一边日，日月合在一起就是'明'，古人造字真有趣。"

先生用手指着挂着的字说："《说文解字》上讲：'明，照也'，就是照亮的意思。一灯能除千年暗，一智能灭万年愚。在黑暗中前行的时候，如果前方有灯塔，我们就可以看见前方的路。一个思想愚昧的人是不是像是活在黑暗的世界里，找不到人生的方向呢？我们要让自己聪明起来，一旦拥有智慧，就可以明白人生的路究竟应该如何走。"

小雅善于举一反三，她若有所思地说："我明白了！圣人，也包括古往今来一切有智慧的人，他们就像人类社会中打着灯笼、举着火把走路的人。他们的大智慧就像灯塔一样，把周围几里、几十里乃至几百里、几千里的路都照亮了，普通人借助这种智慧之光，一下子就看到了大道的所在，不会走到岔路、小路、险路上去了。"

先生点头道："是的！没有智慧之光引导的人生，只能在黑暗中摸索，很容易走错或掉进陷阱，这就叫作蒙昧。古人在教小孩子学习基本知识的时候，就叫这种学习为开蒙、启蒙。开蒙后，有了智慧之光的引导，孩子们不用再'摸黑赶路'了，这就叫作'明'。'明'了后，人们也就觉悟了。前面我们讲过，'耳彻为聪，目彻为明'。看得越远，明白得就越透彻。你看到了别人没有看到的地方，你就比别人更明白真相。看得远——不光是空间的远，更是时间的远，预见才能遇见，看到未来才能拥有未来。"

杜若也做深思状道："前几天我从新闻上看到，我国拥有了FAST射电望远镜，领先国际二十年。这种看得远，代表着什么呢？"

鹿鸣抢答道："我知道，我知道，代表一个国家的竞争力。"

先生点头继续讲道："是的，这也是'明'的体现。'明'了之后就看得更远、看得更深，就像站在太空看地球，就像三维世界的人看二维世界的物体，一目了然。所以说，视力决定视野，视野决定事业。广义上的'明'，是看见、看破、看开、看透，每一步都是不同层次'明'的修炼，不光眼睛能看见，心里也能照见——眼睛看到的是表象，心里照见的是本质。而'明'也是古时候的大人、圣人必须具备的特质。"

小雅举手问道："'明'的意思我们了解了。那么请问先生，古人需要'明'什么？如何'明'？"

先生微笑着说："他们要明了四时阴阳的变化趋势，夏至为太阳，冬至为太阴，一阴一阳之谓道，万物随着阴阳的变化而发生变化。这里的道，就是老师'传道授业解惑'的那个道，也称作自然万物的规律，人们的生活要遵循这种自然万物阴阳的变化，即老师要先明道，然后才能传道。师者传道授业解惑，先从明道开始。明白了道，也就明白了凡事都是阴阳循环变化的结果：冬天过后必然是春天，否极泰来，终始循环。有了这样的思维，我们也就会明白，每个人的一生都不可能是一帆风顺的，不能光有春天而没有冬天，不能只有胜利而没有失败。"

说到这里，先生看向小雅，继续道："相比古人，我们该如何'明'呢？我们如何才能看得更远一些，看得更深一些呢？……对，我们需要多读书、多学习，在阅读中收获知识的营养。如此一来，我们手中就好比拥有了一幅人生导航图，有了导航图做指引，我们才能走上正确的人生之路，从而奔向自己的人生目标。"

先生刚讲到这里，小雅突然大叫："哎呀！蟑螂！"只见一只蟑螂从小雅的脚面爬了过去，小雅吓得手捂胸口，面无人色。

鹿鸣勇敢地冲了过去，一脚踩向蟑螂。

杜若胆子大一些，不受影响地继续提问说："先生，多读书、多学习是好事。我们应当读哪些书呢？"

先生道："我们应该读的是穷究天下至理之人所写的书。能够穷究天下至理的那些人，我们称呼他们为圣贤，他们写的书被称作圣贤书，或者叫作经典古籍。经典的'经'，就是亘古不变的意思。圣贤书就是先哲圣贤们为这个世界绘制的导航地图，这些地图构成了我们所熟知的中国文化和中华文明，我们掌握了这些地图，就可以为我们的人生导航。"

小雅问道："古人说'腹有诗书气自华'，读书后真有这样的结果吗？"

先生道："是的！读书就是通过植入一套文化导航系统，赋予人一种和自然万物相连接的能力，改变人的心智结构。不读书，是一个普通人；读了很多书，则会变成另一个人。进一步延伸，中国的崛起和中华民族的复兴，必须从文化根和民族魂铸起。而这一切，都需要文化背后所蕴含的文脉和文运的支撑。文脉关乎国家的命脉，文运关乎一个民族的命运。"

先生讲到这里，向小雅他们提出了一个问题："同学们，'大学之道，在明明德'，大家都听说过这句话吧？今天我们学习了'明'，对这句话好理解了。谁来讲解一下呢？"

小雅抢先回答说："先生，我的理解是：第一个'明'，是动词，意思是照明，引申为传道；第二个'明'，是形容词，是光明的意思，引申为人的那种至善的光明本性，是这样吗？"

先生点头道："小雅讲解得没错！古人眼里的大学，是大人之学，是说一个人要想成为大人，首先需要通过不断学习、开悟获得智慧，成为灯塔，再照耀别人。自己活得好，只是小人一个；只有让周围的人都活好，才是大人。《易经》的离卦对此也解释说：'大人以继明照于四方。'意思是通过跟圣人学习，明白后，再把圣人的智慧之光传给更多的人，这叫薪火相传。我们这个民族之所以能够生生不息，就是一代又一代薪火相传，传承'道统文明'以化成天下。这，就是传统文化。大家明白了吗？"

"明白了！"鹿鸣等人发出了响亮的回答。

同学们，"明"这堂课讲完了，你们掌握了吗？我们下一堂课再见！

第七课 圣

金文　　　　篆文

课堂上,先生背着手,提问道:"我们在前面几堂课中,讲到了'圣人'这个词,也提到圣人所说的话语,那么大家知道圣人的'圣'的古汉字怎么写吗?"

小雅举手说:"先生,这几天我们学古汉字,放学之后,我也翻阅一些资料书预习,我印象中'圣'的金文,左边是个耳朵,右边是个嘴巴,下面呢是一个人,对不对?"

先生连连点头:"同学们,大家要向小雅学习。课前预习对我们理解汉字的造字起源和含义要领都将有帮助。刚才小雅说了,圣人的'圣'里含有耳朵和嘴巴,这是什么意思呢?……自然一个是听,一个是说。听什么?听圣人讲天道和宇宙规律,因为文化要传承下去。说什么?将听到的东西再传播给百姓——这就是古时圣人教化万民的重要职责。我们看上面的第二幅字,下面的人,又写作了'壬',其实是任务的意思,是圣人职责的体现。因此说，善于听和说的人，才是智者和圣人。"

杜若提问道："先生，《孟子》里'充实之谓美，充实而有光辉之谓大，大而化之之谓圣，圣而不可知之之谓神'，这句话里的'圣'，如何理解呢？"

先生道："这句话的精髓在'大而化之之谓圣'这一句上面。意思是说，天地养育了万物，称之为圣，但是天地不能说话教化百姓，只能依靠有智慧、有德行的人代替天地去教化百姓，这类人也可以叫着圣人。圣人很智慧，观天道和宇宙规律，依据四时之变化，总结出了适合人生活的习俗，指导人们按照天道的规律去生活。如冬至吃饺子，端午节吃粽子、饮雄黄酒等，背后都有生活规律依据。"

小雅问："诗圣的'圣'，又是什么意思呢？"

先生笑了，道："圣，在《说文解字》中这样解释：'圣，通也。一事精通谓之圣。'这是'圣'含义的演化和延伸。有时候，'圣'也成为某一特定人物的称谓，比如《史记·秦始皇本纪》中记载：'大圣作治，建定法度'，这里提到的'大圣'，是对帝王的尊称……除此之外，'圣'还有什么意思呢？'圣者，声也'，闻声知情，故曰圣。'圣'和'声'古代互相假借。所以，'圣''听'和'声'三字同源。"

鹿鸣悄声说："我还以为'圣'是《西游记》里面的齐天大圣孙悟空呢！原来也可以指皇帝啊！怪不得前一段时间我看《长安十二时辰》，里面一口一个圣人的！这下终于明白了，看来以后要多多学习古汉字。"

小雅和杜若相视一笑，随即小雅又问："先生，圣人如何教化百姓呢？"

先生解释道："前面我们讲了，圣人要代替天地对民众实施教化，他们是如何做的呢？孔子说：'天何言哉？四时行焉，百物生焉，天何言哉？'天地不语，圣人就代天立言，将领悟到的天地自然之道告诉民众。老子也说：'人法地，地法天，天法道，道法自然。'所以圣人代天立言，归根结底，是引领民众效法天地自然之道，按照自然规律办事，达到'天人合一'的境界，就能够事半功倍。"

小雅问："有具体的例子吗？感觉有些深奥。"

先生道："有！比如'天行健，君子以自强不息'。天道生生不息，圣人观察到天的自然规律后，就告诉民众：君子当自强不息，持续不断地学习，做到'苟日新、日日新、又日新'，最后有所成就。再比如'地势坤，君子以厚德载物'，大地以承载接纳为要，圣人观察到这一自然规律后，就告诉民众：君子应当积累自己的德行，这样才能承载更多的物质财富。这就是圣人教化民众的方式，以引领、启发、循循善诱为主。"

小雅若有所思地点了点头。

先生进一步启发说："明白了圣人教化的方式和目的，那么圣人究竟是什么样的人呢？——用四个字来概括，就是'内圣外王'。内圣外王的标准分为八个方面——格物、致知、诚意、正心、修身、齐家、治国、平天下。其中格物、致知、诚意、正心、修身被视为内圣之业，而齐家、治国、平天下被视为外王之业。内圣是自己明,成为灯塔,外王是照亮别人,内圣外王合起来就是'明明德'。而圣人又被称为大人,所以有'大学之道,在明明德'这句话。"

小雅惊叹说:"古代的教育理念很好啊!我们现在很多学校唯成绩论,很大程度上失去了教育的本质和初衷,而我们古代教育以'匡扶万民、经天纬地的栋梁之材'为目标,真的令人佩服。"

先生总结说:"同学们,到今天为止我们讲了七个古汉字了,'学''习''智''慧''聪''明',以及本课的'圣'。大家要立志成为充满智慧的人,匡世济民,好不好?"

"好!"下面异口同声地回答道。

同学们,"圣"这堂课讲完了,你们掌握了吗?我们下一堂课再见!

第八课 贤

金文　　篆文

书屋内，先生慢步走上讲台，看到小雅和鹿鸣在小声讨论着什么。

先生问道："小雅，快上课了，你们在讨论什么呢？"

小雅歉意地笑笑说："前天我在看书，看到《黄帝内经》中将厉害的人分成真人、至人、圣人、贤人四种。刚才我和鹿鸣讨论，什么人叫真人和至人？贤人为何排在最后面？"

先生点点头，道："这个问题我们一会儿再讲解。想要了解其中的分别，我们先从'贤'讲起。"

说着，先生在黑板上写下了"贤"的金文和篆文。

杜若轻声道："'贤'的金文，上半部分的左边像一只眼睛，右边像一只手——古人造字真有趣。"

先生转身道："左上角的字形看起来像眼睛，其实不是眼睛，它是一个'臣'。同学们可以想一想，古时候抓来的战俘把他们变成了奴隶，他们地位低下，在主人面前不敢抬头，所以俯首帖耳的他们，眼睛就像竖立起来的样子，表示一直臣服的意思。因此古人就用眼睛的这种样子造出了'臣'，表示奴隶对主人的顺从，后来引申为大臣、官吏。"

鹿鸣问道："先生，为什么右上角是手的形状呢？'贤'的下半部分，它的金文和篆文都加了'贝'，又有什么含义呢？"

先生解释道："右上角的'手'，在甲骨文专家郭沫若先生的解释中，说古时候部落之间打仗，抓到战俘，往往会将对方的一只眼睛弄瞎，作为战俘的标记。下面的'贝'，表示钱财的意思，上古社会，贝壳充当等价交换物，是最早的钱币。抓到了战俘的人因有功，其社会地位和身份会有很大的提高，于是就有了钱——有奴隶又有钱，自然就是主人了。在'贤'的甲骨文中是没有'贝'的，后来的金文和篆文中加上了'贝'。"

鹿鸣惊叹道："古代部落打仗，被抓到了就要变成瞎眼的奴隶，确实好残忍。"

先生道："这只是郭沫若先生的一种解释。也有文字专家认为，右上角的'手'，是指能干的手，一名听话顺从又能干的奴隶，自然是主人眼里的好奴仆，肯定会得到主人的青睐和赏识。加上'贝'，表示多财的含义，指财富和奴仆比别人多。为什么后来引申为比别人贤能的意思呢？原来这里的'手'，强调的是那些有一技之长的人，如会做木工的人、会领兵打仗的人、会治理国家的人。他们的能力超过一般人，所以称之为'贤'。加

鹿鸣和小雅激烈地争论问题

上'贝',表示对方是一个非常难得的人才。我们知道,'手'有管理、掌控的含义,因此进一步引申,'贤'表达对方是一位具有出色管理社会事务能力的臣子,也指人崇高的品行,如智慧、格局、境界等。"

小雅道:"怪不得,人们常把善于管理组织的人称为'贤',将心灵手巧的女子称为'惠',这里面确实大有深意……先生,真人、至人、圣人、贤人,这四类人的区别在哪里呢?"

先生道:"这是今天这堂课的重点,也是回答你和鹿鸣讨论的地方。《黄帝内经》上说:'余闻上古有真人者,提挈天地,把握阴阳,呼吸精气,独立守神,肌肉若一,故能寿敝天地,无有终时,此其道生。中古之时,有至人者,淳德全道,和于阴阳,调于四时,去世离俗,积精全神,游行天地之间,视听八达之外,此盖益其寿命而强者也,亦归于真人。其次有圣人者,处天地之和,从八风之理,适嗜欲于世俗之间。无恚嗔之心,行不欲离于世,被服章,举不欲观于俗,外不劳形于事,内无思想之患,以恬愉为务,以自得为功,形体不敝,精神不散,亦可以百数。其次有贤人者,法则天地,像似日月,辨列星辰,逆从阴阳,分别四时,将从上古合同于道,亦可使益寿而有极时。'"

先生一口气念了一大段古文,声线抑扬顿挫,令鹿鸣、小雅他们钦佩不已。

给同学们念完这段古文之后,先生望向大家,继续讲解道:"古人认为,真人是最高级别的,真人把握阴阳,能改变阴阳;

至人和于阴阳，只能和，却不能改阴阳；圣人处天地之和，将自己置身于四季分明的地方，这就叫处天地之和；贤人，只能法则天地，或者法天择地，法随天，则随地，象似日月，让内心跟随日月星辰的变化走，与天地保持同样的节奏，如此能达到天人合一的境界。这样分辨，我们就明白，贤人对阴阳的把握比不上真人、至人、圣人，有时候能和上，有时候和不上。这就像书法艺术一样，高手可以做到笔随意转，水平低一些的人就显得有些力不从心了。这就是圣和贤的差别所在。"

小雅道："先生这样讲解，我们大致明白了。这就是孔子被称作圣人，而他的很多弟子只能被称作贤人的原因了。"

先生道："是的。我们从'贤'的金文看，有两个突出的地方：眼睛看着，手里抓着。而圣人的'圣'，是'耳'和'口'，耳朵用来听道，嘴巴用来传道。由此可见，圣人突出德，以道立教，代天宣化；贤人重在才，才能出众，是为贤人。圣人可以为师，贤人只能是圣人的学生。因此才有真人、至人、圣人、贤人的排序。"

小雅问道："先生，'贤'的字义我们都明白了，您可以给我们讲一讲它的功用吗？"

先生道："《论语》上说：'见贤思齐，见不贤而内自省也。'意思是说，见到贤德之人要向他看齐，应当效法并且身体力行；见到不贤之人，要省察自己有没有类似的行为。'见贤思齐'其实是每个人都具有的本心，是先天之善，但是'见不贤而内自省'则不一定人人都能做到了，这是我们需要努力的地方。孔子还说'三人行,必有我师焉,择其善者而从之,则其不善者而改之'。别人的善行与恶行对于求学之人而言,都是自己取法和警诫的对象。"

同学们,"贤"这堂课讲完了,你们掌握了吗?我们下一堂课再见!

第九课 教(上)

甲骨文

上课的铃声响起,先生施施然走进教室,他的手上,拿着一根乌黑的木尺。

鹿鸣轻声惊问杜若:"这是什么?我仿佛在哪里看到过。"

杜若捂着嘴笑着回答说:"是戒尺!不听话要打手掌心了,嘻嘻!"

先生轻咳了一声,威严地扫视了一下在座的各位同学,而后举起手中的木尺说:"同学们看到了吧?这就是你们第一堂课提到的戒尺——以前大家对它只闻其名,今天总算见到实物了。当然,我拿着戒尺上课,不是为了惩罚大家,而是和今天的教学任务有关。"

先生说着,在黑板上写下了一个大大的"教"后,说道:"建国君民，教学为先。十年树木，百年树人。我们今天要学习的古汉字就是'教'。同学们仔细看，右边的字形像不像一个人手中拿着一根棍子呢？"

"像！"下面异口同声。

"这根棍子就表示戒尺！我们再看左边，左边分别是孩子和'××'。所以'教'的本义，表示老师拿着戒尺管教孩子们学习的场景。"

鹿鸣心有余悸地说："先生，如果以后上课，您经常拿着戒尺惩罚我们，我觉得我会有厌学情绪。"

先生叹着气说："没有严厉的老师，怎么能够教出合格的学生呢？不要担心老师会责罚你，而是要担心自己的学业为什么没有长进。古人云：'凡学之道，严师为难。师严然后道尊，道尊然后民知敬学。'这句话告诉我们，学习之道，贵在遇到一个严厉的老师；教学之道，贵在老师的严厉——不是名师出高徒，而是严师出高徒；老师严厉了，老师传的道就会受到尊重，学生只有敬畏老师，才能敬畏老师传的道，这个叫尊师重道。"

鹿鸣仍然担心："犯了错误，还不是一样打屁股？"

先生摇摇头道："古代的老师，可不能随随便便打学生呀！脸不能打，因为脸是颜面，打坏了也不好。那打屁股呢？屁股是私密的地方，只能留给父母打。只能打手了，对吧？打左手，还是打右手呢？显然，只能打左手，因为右手要写字。孩子犯了错误，老师要给予适当的惩罚，'玉不琢，不成器'嘛！这个字形通过抽象表示老师手中的戒尺，以彰显老师的权威，这也是古文字所具有的象形思维的体现。"

小雅他们几个听到这里，不由得相视一笑。

先生继续侃侃而谈："左边的'子'，包含了教的时机和方向。古人认为，教育是一个不可逆的过程，错过了那个时间点，学习的效果会大打折扣。古代儿童，三到六岁就要启蒙；七八岁入小学后，要学习汉字、洒扫应对等礼仪规范。十三岁左右进入大学，学习更多的经典。按照教学顺序一点点来，这叫循序渐进。"

小雅问："先生，'××'表示什么意思呢？"

先生道："这个'××'可是大有讲究啊！它表示的内涵非常丰富。首先，'××'按照象形文字的图像构造，它像不像一张由无数'××'交错构成的渔网呢？授人以鱼不如授人以渔，因此'××'在这里就是表示教授给人们做事的能力。其次，'××'上下组合成'爻'，爻是八卦的组成符号，分为阴爻和阳爻，每三爻合成一卦，一共有八个，所以叫八卦，这八卦分别是乾、坤、离、坎、震、巽、艮、兑，八卦其实就是对应自然界中的八种象：天、地、水、火、雷、风、山、泽。研究这八种象的书叫《易经》，《易经》被称作群经之首，古代其他典籍的智慧都从《易经》来，而典籍代表的是知识，是智慧，所以'××'教的是做人做事的智慧。"

小雅等人听得入迷了，像鱼缸里找食的小金鱼一样，张大了嘴倾听先生下面的讲解："'爻者，效也。'上所施，下所效，施者为教，学习者为效，在下位的模仿在上位的。教育的方式多种多样：有言传，有身教，有境教，这里强调的是身教。所谓'其身正，不令而行；其身不正，虽令不从'。父母做得好，孩子耳濡目染，也会做得好；父母做得不好，即使命令孩子，孩子也不会听。"

鹿鸣小声道："我说我爸妈那样孝顺老人呢！原来他们是示范给我看呀！"

先生继续讲解道："最后，'××'还反映中国文化的由来，上面的'×'代表天文，下面的'×'代表人文，中国文化是以天文定人文，以天伦定人伦的体系。人，又如何一步一步效法的呢？就是老子所说的'人法地，地法天，天法道，道法自然'了。效法天道和自然规律，以简约为主，微言大义才是效法的本质——我们的古代汉字就是如此奇妙，如此微言大义，学习了它之后，会让人有豁然开朗之感，是不是呢？"

"是！"同学们齐声回答道。

"好了，大家可以先去外面的院子里玩耍一会儿，接着我还要继续给大家讲解。"先生笑眯眯地说。

同学们，"教"的上半堂课讲完了，你们掌握了吗？我们下一堂课再见！

第十课　教（下）

院子里池塘边，一只蛤蟆不知从什么地方爬了出来，小雅、杜若她们看到了，吓得哇哇乱叫，勇敢的鹿鸣不慌不忙走上前，将蛤蟆用棍子挑起，扔进了池塘里。

先生背着手，一脸严肃庄重地说道："今天惠风和畅，我们的下半堂课，就在外面上吧！"

小雅问道："先生，古代教育和现代教育有什么不同吗？"

先生道："当然有了。在古代，多称教化而非教育，教育是有形的，教化是无形的，'润物细无声'。我们现在的教育，受西方工业革命式的教育影响，其特点就是量产、标准化，凡学习必找标准答案，最后培养出来的大多是企业流水线式的人。而古代的教育目的是培养堂堂正正有高度国家认同感和社会责任感的人，把高尚的品格和文化特质注入个人的生命。"

杜若道："我感觉，古代更重视人格方面的教育。"

先生道："杜若说得没错。古代社会，从诗词歌赋、琴棋书画到经典诵读，从感性到理性，从形式到内容，都在进行人格教育。这样教育的结果，使得大多数文人的身上，充盈着一种气节——是'人生自古谁无死，留取丹心照汗青'的坚定；是

'但使龙城飞将在，不教胡马度阴山'的豪迈；是'明犯强汉者，虽远必诛'的霸气；是'先天下之忧而忧，后天下之乐而乐'的担当；是'为天地立心，为生民立命，为往圣继绝学，为万世开太平'的呐喊。"

鹿鸣道："我终于理解了，为什么每到危难时刻，中华民族总会团结一致、万众一心了。"

先生点头："我们国家一直在提倡立德树人。如果不以人格教育为教育首要，无疑会是教育的后退。"

先生的一席话，让小雅几个听得热血澎湃。

先生又道："除了学校教育，还有家庭教育，家长的言传身教也是一种好的表率。"

小雅问："中华文明厚重沧桑，薪火相传，也是从古至今持续教育的结果吗？"

先生点头："文明是教育最好的见证。几千年的中华文明史，同时也是一部抗瘟疫、洪水、战争、灾荒而取得胜利的辉煌史——从神农黄帝、舜帝大禹到北逐匈奴、凿空西域，从崖山之战、抗日战争到研发两弹一星、消灭瘟疫。为什么中国人能够做到？这就是自古以来教育浸染的结果。"

杜若道："先生，教之象我们懂了，什么又是教之用呢？"

先生道："谈到教之用，分为四个方面。一是传承。古语云：'善歌者使人继其声，善教者使人继其志。'继其志，就是传承老师所传授的精神、思想。因此'爻'，就是从上到下的传承，没有传承就没有教。"

小雅对鹿鸣说:"鹿鸣,我们都赶快记一下笔记,这里面的学问太深奥了。"

先生继续道:"二是引导。'道而弗牵,强而弗抑。'这个'道'在这里念dǎo。什么叫'道而弗牵'呢?比如想牵一头牛进牛圈,如果硬拽,牛可能不听话、会反抗;如果拿一根草引着牛走,牛就会心甘情愿跟着走。"

说话间,王婶儿走了进来,在先生的桌前放了一杯茶水,她怕先生讲渴了。先生端起茶杯喝了一口水,接着说道:"三是共同进步,教学相长。"

鹿鸣等人发出了会意的笑声。

先生清了清嗓子,接着道:"四是以身作则,'修道之谓教'。这句话怎么理解呢?圣人立教,以明道为本,所以师者以'传道授业解惑'为要。无道,则教无法立,也不可背道而教。按照道的方式去做,按照合乎法度的规矩生活,这个就是修道了。只有引导百姓这样去做,这才是教。教的目的是让大家去行动,化民成俗,使其成为习惯、习俗,而不是单纯地学知识。好了,今天的课程就讲到这里,同学们有收获吗?"

"有!"先生得到了大家肯定的回答。

同学们,"教"这堂课讲完了,你们掌握了吗?我们下一堂课再见!

第十一课 育

甲骨文　　　篆文

书院外面有一条小溪，流水潺潺，泉水叮咚。这天下午，先生带着鹿鸣他们从后门转到了小溪边。

先生走着走着，指着前面一处水凹里一群黑乎乎的东西道："同学们，看水里面是什么呢？"

鹿鸣好奇心重，挤到了前面探头一看，笑着说："好多的蝌蚪啊！恐怕不下百只吧！太壮观了。"

杜若她们几个女生也好奇地围拢上前，看着水下密密麻麻游动的小蝌蚪，都兴奋地欢呼了起来。

小雅："生命繁衍的力量真的很伟大！"

杜若："生下了这么多小蝌蚪，青蛙妈妈去哪里了呢？"

鹿鸣说："蝌蚪从小就自立，不需要青蛙照顾。"

先生道："学习就要寓教于乐。今天我带着大家看小蝌蚪，就是让同学们能更直观地了解'育'的含义。"

先生说着，伸手一抖，一张写着"育"的甲骨文和篆文大纸呈现在了同学们的面前。而后他用手指着纸上的字讲解道："同学们仔细看，甲骨文的'育'，上面一名妇女，下面一个头朝下的孩子，表示的是生育，而孩子都是头朝下出生的，是不是很形象呢？再看篆文的'育'，上面呢还是表示的倒着的孩子，下面看起来像月却不是月亮的'月'，这里指的是'肉'，表示生育孩子并喂养孩子长大的含义。"

小雅道："'育'的含义好丰富啊！"

先生点头道："'育'的含义，确实非常丰富：一、育，生也，生育之育；二、育，长也，成长之育；三、育，养也，培养之育。育，包括了一个生命出生和成长的全部过程。《说文解字》里说：'育，养子使作善也。'培养孩子，使之从善。那么什么是善呢？善就是德，最高的德就是至善了。"

鹿鸣点头道："是啊，想不到这个字有着这样丰富的内涵呢！汉字真是太奇妙了！"

小雅却提问道："先生，'教'和'育'有什么区别呢？"

先生道："'育'所强调的，在于如何培养人的品质，即育德。常言说教书育人，只有教和育相互配合，才能培养出德才兼备的人。人的才能可以教，而德行却只能育。教通过口传授，这叫言传、说教；育只能靠身体力行，这叫熏陶、影响。"

"如何培育一个人的品德呢？"小雅锲而不舍地追问。

"育德必先明德，进德修业，德为树根，业为树干，先进德，才能更好地修业。德是母亲，业是孩子，有德才能生出业这个孩子。教育孩子的过程就如同一棵树长大一样，'教'就是让树的树干更茂盛，'育'就是让树的根扎得更深。"先生声情并茂地讲述着。

杜若若有所思地说："我明白了，先生！育德就是让学生不断往下扎根，只要根扎得深，上面自然会枝繁叶茂"。

先生点头道："对！有人进步慢，在于他向外求，只知道去挑外在的毛病；而那些进步快的人，是向内求，去查找自身的问题。简言之，内求就是找自己的根，育自己的德。"

小雅追问："育德的重要性体现在什么地方呢？"

先生笑道："这个问题问得非常好！因为厚德可以载物。物是什么呢？这里可以简单地理解为我们想要的物质、财富等。一个人的德行越厚，承载的物质就会越多。育德的目的，就是要让人的德和物相匹配。最担心的就是德不配位的情况，虽然赚到钱，拥有了丰富的物质，但是自己的德行不够，承载不了，很快就会被压垮了。"

鹿鸣道："先生的意思是说，一个人不能只有才能，有才能而没有德行，难以走得更远，对吗？"

先生说："举一个我们身边的例子，从事传销的人的口才非常好，这些人有才吗？有。然而他们没有德，因此人生的方向跑偏了。从这点看，有德之才是大才，无德之才是祸害。"

鹿鸣明白了，忙问："如何能培育好的德行呢？"

先生道："《易经》蒙卦篇中讲：'君子以果行育德。'果行就是言必行，行必果，意思是要坚定地行动。行动的过程中遇到挫折难免会动摇，果就是坚定的意思，千难万难不改其心，不退其志。这就是不忘初心，方得始终了。"

"什么时候是育德的最佳时期呢？"小雅问。

先生道："孩子童蒙时可塑性最高，也是育德的最佳时机。俗语说：三岁看大，七岁看老。所以启蒙的关键在于'蒙以养正'，养正就是育德，即让教育蒙童的一切行为都合乎正的标准。"

杜若也跟着提问："看来德育教育是一个长期过程。"

先生点头道："德是育出来的，育需要一个长期的熏陶过程，天长日久的耳濡目染才可以。教可以很快，育却很慢。以考试为例，考试的技巧可以在短时间内学会，育德却需要长时间的培育熏陶。教可以交给专业的老师，学舞蹈就找舞蹈专业老师，学英语就请英语专业老师，学数学就找数学专业老师。不过育，唯有父母和有德行的老师才能做到。古代师傅带徒弟，除了教授徒弟必要的技能之外，育人也不可或缺。显然，育德就是我们日常讲的人格教育，只有拥有健全的人格，才是一个完整的人。"

鹿鸣感慨道："原来'教'和'育'这么重要啊！"

先生道："确实如此！教育是国之大事。立国之道，必以教化为先。一切文明、文化的发展，要靠教育的传播。教育可以让一个人蜕变，但是这个过程也相当漫长，不能只把希望寄托于学校教育，要家庭教育、学校教育、社会教育并举，这样才能真正培养栋梁之材。"

鹿鸣频频点头:"回去我就把先生的话语转述给父母听,让他们也参与到我的德育熏陶上来。"

鹿鸣的话让同学们都轻松地笑了起来。

同学们,"育"这堂课讲完了,你们掌握了吗?我们下一堂课再见!

第十二课　方

 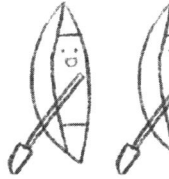

甲骨文

阳光明媚的午后,先生和小雅他们几个荡舟在湖滨公园。

先生对鹿鸣道:"你是男孩子,胆子大,负责控制船的方向,我在船上接着给同学们讲解'方'这个汉字。"

鹿鸣敏捷地接替了先生的工作,熟练地驾着船,先生则拿出一张纸,上面写着"方"。

先生指着纸上的"方"道:"同学们,看这个字的上半部分,是不是像两个竹筏绑在一起呢?在古人的观念里,并船叫方,独木船叫舟。因此'方'有几个引申义:一个是并排、两端为方;一个是齐等、相当为方。《说文解字》上讲:'方,比也。'方就是比,比也是方,关系亲密的意思。引申为比拟、比方。"

说到这里,先生向大家提问:"有谁能讲一句含有'方'的句子?"

先生带领大家在船里上课，也相当有趣

小雅不假思索地说:"《诗经·汉广》中有'汉之广矣,不可泳思。江之永矣,不可方思'。"

先生脸上露出满意的表情。

几秒钟之后,小雅不甘落后地问:"先生,我想到了孔子的一句话:'父母在,不远游,游必有方。'这里的'方'是什么意思呢?"

鹿鸣在一边坐不住了,连忙道:"这个我知道!这句话的意思是说,父母在的时候不要出远门,如果出去了,一定要告诉他们出行的方向。"

"仔细想想是这样吗?"先生笑眯眯地看着鹿鸣。

鹿鸣一时间不知所措,不好意思地挠着后脑勺。

先生不紧不慢地说道:"其实呢,这句话被大多数人误解了。这里的'方',可不是方向的意思,而是结伴的含义。前面我们讲了,'方'是两只船并列在一起——当然,孔子并非让我们去坐船。他话中的'方',是一个抽象意义,他是告诉大家出门远游身边要有朋友陪伴,家里人才会放心。那么问题来了:陪伴在身边的朋友,是志同道合的伙伴好呢,还是狐朋狗友好呢?"

"当然是志同道合的伙伴了。有他们在,我们才会行得正、走得端,家里的父母也才会放心。"鹿鸣又抢着说。

"是的!所以孔子在这里强调,出外游学的时候,身边要么有志同道合的伙伴陪同,要么有可以给自我们人生方向提供指引的师长在一起。"

小雅问:"先生,您对如今的游学怎么看?它和古人的远游有不同吗?"

先生道:"现在社会大力提倡研学,方向很好。游学重要的是去感受名胜古迹现场的文化气息,神游万里,思接千载,和古人进行精神上的沟通——不光看外在的风景,更要注重内在的精神。我们知道,曲阜能成为旅游胜地,是因为出了圣人孔子;西湖那么美——都说晴西湖不如雨西湖,雨西湖不如月西湖,月西湖不如雪西湖——其实呢,最美的还是人西湖。为什么这样说呢?你看西湖周围埋了多少忠骨,岳飞、章太炎、俞樾、于谦,等等——最美的风景还是人,这些人的精神成就了西湖的美景。也只有人才能给你讲清楚名胜古迹背后的故事,这才是'游必有方'的真正含义。"

小雅几个豁然开朗,频频点头。

鹿鸣叫道:"哎呀,船到岸了,我们快下船吧!"

同学们,"方"这堂课讲完了,你们掌握了吗?我们下一堂课再见!

第十三课 向

甲骨文

课堂上,先生提问道:"谁来给我们说一说南辕北辙的成语故事呢?"

鹿鸣立马道:"我来说吧!古代的一个人,想要到楚国去,可是他却一直驾着车向北跑。有人就问他为什么要这样做?他说他的马儿健壮,路费充足,迟早会走到楚国的。"

"这个故事告诉我们一个什么道理呢?"先生又问。

"故事告诉我们,走错了方向,无论准备得多么充分,也很难到达目的地。"鹿鸣说完,看了小雅他们一眼,眼神里充满了抢到问题的快乐。

先生道:"前一堂课我们学了'方',这一堂课我们就学习'向'。同学们认真看'向'的甲骨文,是一个房子加一个窗户,简简单单。这里的窗户朝向北边,《说文解字》上讲:'向,北出牖也。'上古时的窗专指开在屋顶上的天窗，而开在墙壁上的窗叫牖，引申义为朝向的含义，如向左、向右。"

小雅道："先生，'方'和'向'有什么区别呢？"

先生道："两端为'方'，如方程式，一个等式连接起来的两端；如两条相同的船绑在一起叫方。朝一边叫'向'，或者说是确定朝向哪一边。简单来说，'方'是二，'向'是一。"

小雅做思考状道："我感觉'向'有一种选择的味道。"

先生道："对！'向'是朝哪一边，也就是只能有一种选择。很多人考虑问题总喜欢两全其美，这也想要，那也不愿意放弃，其结果必然困惑、纠结。既然如此，我们在选择时就要坦然面对，大胆地去做出决定。决定之后，就要用一种坚定的力量，矢志不渝地去实现选择的目标。"

小雅说："我懂了！比如志向，就是志有定向，定在一个向上，然后不断努力、不断前进，必然能够达到自己的目标。如果在路上走走停停，徘徊犹豫，很难抵达目标的终点。只有定在'向'上才会有力量。太阳光可以普照大地，镭射光能切割钻石，这就是聚焦的力量。"

先生道："除此之外，'向'还带有立场的含义，摆正立场就是站好队。无论是做出一种选择，还是树立目标之后的坚定，以及立场倾向，都表明方向的重要性。简言之，境界决定方向，方向决定方法，方法决定结果。同学们都理解吗？"

鹿鸣道："理解！南辕北辙的故事，说的就是这样一个道理。方向对，才有实现目标的可能。"

先生点点头，意味深长地说："方向，就是未来，方向对了就有未来，方向错了就没有未来；方向就是趋势，跟对趋势就有未来，跟错趋势就没有未来。阿里巴巴的马云就是一个很好的例子。当年他在美国看到互联网的优势，知道这是未来的趋势，所以他立马回国做互联网——要知道他以前做过黄页、做过翻译，这些也是他曾经的方向，如果不改变的话，今天就没有阿里巴巴。"

小雅笑道："跟着先生学习博大精深的古汉字，就是选择对了方向。汉字热，就是未来的趋势和潮流。"她的话语引起了大家满堂快乐的笑声。

同学们，"向"这堂课讲完了，你们掌握了吗？我们下一堂课再见！

第十四课 朋

甲骨文　　　　篆文

课堂上，先生问："鹿鸣，你的朋友多吗？"

鹿鸣看了看小雅、杜若，回答说："学习上，小雅、杜若是我的好朋友；生活中，我还有很多玩伴，一起打球、锻炼身体。"

先生笑着点点头，扭身在黑板上分别写下了"朋"的甲骨文和篆文。然后用手指着说："同学们，今天我们来学习'朋'。你们看甲骨文的'朋'，是不是像两串玉或贝系在一根绳子上呢？"

小雅轻声说："贝在古代当作货币用，'朋'怎么和货币联系在了一起呢？"

先生道："确实如此！上古时期玉和贝都是货币单位，如果系的是玉，两串玉合在一起为珏；如果系的是贝，两串贝合在一起为朋。至于小雅提问的，'朋'和货币联系在一起的原因，同学们可以想一想逢年过节，人情来往，这个时候送点钱物给对方，起到联络感情、增进彼此关系的作用，这在亲戚之外便是朋友之间的往来了，因此'朋'又引申出朋友、朋党之义。"

小雅恍然大悟，又道："我记得前几天学习的《诗经·小雅·常棣》，里面有这样的句子：'每有良朋，况也永叹。'这里的'朋'，是朋友的意思吧？"

先生道："是的！在《说文解字》中，许慎对'朋'的解释是这样的：'朋，古文凤，象形。凤飞，群鸟从以万数，故以为朋。'意思是说，朋的古汉字字形与凤的古汉字字形相似。凤飞翔时群鸟追随，因此用凤翔之形借作'朋'。当然'朋'不是'凤'的古字，只是它的形变而已，'凤'的甲骨文要复杂许多。"

"为什么会有这样的变化呢？"杜若发出了疑问。

先生解释说："其实这不能责怪许慎。在汉字流传的过程中，甲骨文有大量遗失的现象。直到近代甲骨文大量出土，我们才有可能重新明白一些汉字原来的意思。于是涌现出一批批的甲骨文专家，我们所熟悉的王国维就是甲骨文专家，他对甲骨文有极高的造诣。"

小雅道："王国维我知道！他写了一本《人间词话》。"

先生点头道："王国维是国学大师。他对学习渐进的过程提出了三个境界：'昨夜西风凋碧树，独上高楼，望尽天涯路，此第一境也；衣带渐宽终不悔，为伊消得人憔悴，此第二境也；众里寻他千百度，蓦然回首，那人却在灯火阑珊处，此第三境也。'"

鹿鸣等人认真地听着，仿佛入了迷。

先生继续道："做学问如此，学汉字、成就事业亦如此。中国文化的书籍大致分为经、史、子、集四类，如果把中国文化比作一棵树的话，经部的学问好比是树根——主要包括易类、书类、诗类、礼类、春秋类、孝经类、五经总义类、四书类、乐类、小学类10个大类；史部，是历史的学问，也称作正史，如《史记》《二十四史》等；子部呢，指先秦诸子百家的学问，包括兵家类、法家类、农家类、名家类、医家类等；最后的树枝，才是集部的学问，集部是指诗、文、词的总集，现在我们说的四大名著和古诗词，只属于细枝末节的集部的学问。"

鹿鸣道："这里面真是有大学问啊！先生，我们的人生有限，如何在有限的人生中，学到真正有用的知识呢？读什么书，研究什么学问更好呢？"

先生道："鹿鸣表现很不错，越来越勤于思考。在经、史、子、集里，最重要的部分就是经部——你们看看，汉字属于哪一类学问呢？对，它属于经部的学问，由此可见古文字学习的重要性了。可惜的是，现在的人大都喜欢看畅销书、快餐书，而忘了我们还有这么好的经、史、子、集学问。"

小雅也问道："先生，应该从什么地方下手学呢？"

先生笑着道："有很多人知道中国文化好，也知道现今是文化复兴的阶段，可是他们感觉古文实在太难读了，不愿下苦功夫！其根本原因就在于不懂汉字，不懂汉字的智慧，只能'望尽天涯路'了。"

杜若问:"先生,汉字学习非要以古汉字为基础吗?"

先生道:"是的!我们学习汉字的时候,一定要正本溯源。学汉字,必须了解古文、甲骨文。"

先生的一席话,让小雅等人频频点头。

杜若又问:"先生,孔子的'有朋自远方来,不亦乐乎'这句话,我的理解是,朋友来了,我们就会感到很高兴。不知道理解得对不对?"

先生笑了:"当然不对。仅从字面意思上看,你的理解看似没错。但经典之所以是经典,是因为里面饱含深意。学习华夏经典,要掌握知识相互印证的学习方法,这是学通中华文化的一把重要钥匙。孔颖达的《礼记注疏》中对'朋'的解释是这样说的:'同门曰朋,同志曰友。'同门,是指在同一个老师门下学习的人,古时的'朋',就是我们现在的同学。同志,是志趣相投的人。所以'友'才是我们现在朋友的含义。古人说的朋友,相当于现在同学和朋友这两个意思的总合。简言之,同一个老师门下的称为'朋',志趣相投的人称为'友'。朋友们相聚在一起,研讨学习道、德、义、理。"

小雅回答说:"先生,您这样一说,我们就明白了。孔子的这句话,不能简单理解为一个朋友从远方过来,很开心的意思。他指的是同门师兄弟过来了,大家相互之间切磋交流,分享彼此的学习心得,共同提高,共同进步,有了收获之后,才倍感喜悦,是吗?"

先生笑道:"对!《易经》兑卦里面说:'丽泽兑,君子以朋友讲习。'兑,在这里就是开心的含义,相互探讨交流,学业上有了长进,怎么能不喜悦开心呢?……古汉字很深奥,需要反复听,反复悟;古汉字又非常有趣,是了解中华文明的密码,也是打开知识宝库的钥匙。投入学习之后,就会有'蓦然回首,那人却在灯火阑珊处'的收获了。"

同学们,"朋"这堂课讲完了,你们掌握了吗?我们下一堂课再见!

第十五课　友

甲骨文　　　　金文

今日凉风习习,先生背着手站在柳树浓荫下,问道:"今天我讲哪一个汉字,同学们知道吗?"

"知道!一定是朋友的'友'。"鹿鸣等人异口同声地说。

先生笑了,道:"看来同学们掌握了课堂规律啦!讲汉字,就要讲透、讲明白,要联系在一起讲。明白了'朋',自然也要懂'友'的意思。"

说着,先生展开一张纸,然后用手指着上面的"友"说:"同学们看,'友'的甲骨文,是并列在一起的两只手,像两人交手相握,表示彼此友好,志同道合,互相合作。而'友'的金文下面,加了一个'曰',强调相互协商、鼓励。同学们可以开动脑筋,'友'的引申义都有哪些呢?"

鹿鸣道:"表示关系好,如友谊、友情!"

小雅也道："亲近和睦的意思也可以，如友邻、友邦。"

杜若补充说："还有相好的意思，如友爱、友善。"

先生一一点头，总结说："《释名》中说：'友，有也，相保有也。''友'的含义与'有'相通，相互保护帮助，使彼此有益，这就叫'友'。"

小雅问："先生，讲了这么多，'朋'和'友'的区别是什么呢？"

先生道："前面我们讲过：'同门曰朋，同志曰友。'同门之间的师兄弟，在古人眼里只能称作'朋'，还达不到友的地步。只有志趣相投、有共同追求目标的人，才能被称作'友'。因此说，志同道合，同门不一定能合作，同志才能合作。"

鹿鸣笑着问："先生，这样说的话，'狐朋狗友'一定是贬义词了，对不对？"

先生道："也不尽然。狐狸禀性狡猾，人们常用'老狐狸'来形容一个人，狡猾的人在一起就是狐朋；狐朋之间一旦有难，他们为了各自的打算和利益，会各奔前程——这是一种假友谊；而在我们文化中，狗是人类忠实的朋友，'子不嫌母丑，狗不嫌家贫'，说的就是这个意思。孔子将自己比喻成丧家之犬，大家可能觉得孔子性格乐观，其实他是把自己比作中国文化的守城人，即使礼崩乐坏，即使国不将国，他也不离不弃。"

鹿鸣说："一个'友'，引出这么多有趣的知识，古汉字真的太奥妙了。"

先生道："我们再来看一下典籍中'友'是如何运用的。《周礼·师氏》中说：'教三行：一曰孝行，以亲父母；二曰友行，以尊贤良；三曰顺行，以事师长。'这句话的意思是说，教国子三行：一是孝行，用以亲爱父母；二是交友之行，用以尊敬有德行又善良的人；三是敬顺之行，用以侍奉师长。"

鹿鸣望了一眼身边的小雅、杜若，感觉"友"太深奥了。

先生不疾不徐地继续讲道："《孟子·滕文公》一文中记载：'出入相友，守望相助，疾病相扶持，则百姓亲睦。'意思是说，人们出入劳作时相互伴随，抵御盗寇时互相帮助，有疾病时互相照顾，这样百姓就友爱和睦了。"

小雅道："我也想出了一句。《诗经·关雎》：'窈窕淑女，琴瑟友之。'先生，这里的'友'如何解释呢？"

先生解释说："友之，是使她成为友。琴瑟友之，可以理解为以琴会友，希望能用琴声来打动她。古人的爱情观是很纯朴的——见到心动的淑女，不是用金钱打动她，而是用什么呢？用自己的才华和德行。男女之间，出众的才华常常令人心生爱慕之情。"

小雅问："为什么要用'窈窕淑女'来形容漂亮的女人呢？"

先生道："古人很重视德行和才情。这里的淑女，不光是楚楚动人、美貌如花，还要有才华、有德行，否则只能称作美女。"

鹿鸣笑着打趣说："小雅是爱助人的学霸，又有出众的相貌，她可以称得上'窈窕淑女'了吧？"

一句话让小雅脸色绯红，嗔怪地看了鹿鸣一眼，惹得同学们哈哈大笑起来。

同学们，"友"这堂课讲完了，你们掌握了吗？我们下一堂课再见！

第十六课　身

金文

一大早，迎着冉冉初升的朝阳，鹿鸣几个来到书院。

院子里，王婶儿正专注地打太极拳，一招一式，有板有眼。看到鹿鸣几个进来，她不好意思地笑着解释说："今天起得略微晚了一些，往常这个时间我早就练完了拳。"

先生从屋子里出来，轻咳了一声说道："运动锻炼，对身体大有好处。今天我们就讲身体的'身'。"

鹿鸣几个人会意一笑，步入书屋坐好，先生已经在黑板上挥洒自如地写下了"身"的金文。

鹿鸣目不转睛地看着，对小雅道："'身'多有意思啊，就像我邻居刘阿姨，怀了小孩子，腹部隆起，真是太形象了！"

先生笑着道："鹿鸣比喻得很恰当。《说文解字》上说：'身，躬也！象人之形。'所以说，'身'的本义指的是人的躯干。"

小雅道："先生，《诗经·大雅·大明》上说'大任有身，生此文王'。说的是周文王的母亲大任，怀了文王，腹部隆起，不久后将文王生了下来。"

先生点头道："同学们想一想，怀孕的时候，孩子是不是待在妈妈的腹部呢？其实人的主要部位也是在中间——腹部、躯干以及五脏六腑，这就是身的本义。随着时间的发展，'身'的含义延伸，用来表示整个身体。"

小猫不知何时溜进书屋，它伸伸懒腰，舔舔爪子，而后轻身一纵，跃上了窗台。

鹿鸣赞叹道："小猫的身体多棒啊！是不是天天和猫妈妈一起锻炼身体的结果呢？"

先生笑了，道："锻炼身体当然很重要了。每天早上，我起床后会围着院子活动一会儿，打打拳，跑跑步，顿觉神清气爽，一整天都很有精神。我要问同学们的是，'身'和'体'一样吗？"

鹿鸣看看自己，又望望身边的小雅和杜若，一脸迷茫的样子。

先生继续道："身体，是一个复义词，在古人的观念中，'身'和'体'是不一样的。身是身，体是体，'身'指的是中间的躯干，'体'指的是四肢。古人说身体，是不包括头部的。"

"先生，那我们现在说的锻炼身体，和古人有区别吗？"小雅提问道。

"当然有了！现代人'身'和'体'不分，拼命地去锻炼肌肉，尤其是男生，以练出六块腹肌为荣。其实这锻炼的是'体'，即四肢。要让'身'的功能更加强大，就是让五脏六腑强大。从健康角度来讲，'身'的作用大于'体'，所以古代很多功夫都是强身的，比如气功、太极、五禽戏，它们主要是疏通经络，让体内的气更加通畅，气通畅了，自然就达到强身的目的了。"

小雅点头道："我明白了，先生。强身健体，强身为本，健体为末。现代社会中的人，一味追求外在形体美，反而忽略了内在的健康。"

杜若也深受启发，补充道："我想，人和人之间的竞争，不光有智慧的竞争，也有身体的竞争。比如三国时期的诸葛亮，智谋超群，可是呢，他的身体却没有司马懿好，所以最后的胜利属于活得久的司马懿，是不是这样理解呢，先生？"

先生大笑道："哈哈，杜若的想法也挺有趣……同学们学习汉字，都会举一反三了。杜若的话语，换种说法，就是体能决定潜能。很多人刚开始规划人生事业的时候，还能保持满腔热血，好像什么困难都能克服；但是到后来，为什么感到越来越力不从心？因为身体跟不上了。没有力气和能量，就没有去征服困难的资本了。"

"人的身体健康为什么会越来越差？是缺乏锻炼吗？"鹿鸣来了兴趣，锲而不舍地追问。

先生回答道："不运动锻炼，当然是原因之一。想要有健康的身体，就要按照健康的生活规律来安排生活起居。古代典籍中，有许多有关'身'的论述。比如'自天子以至于庶人，壹是皆以修身为本'，还有'大学八条目：格物、致知、诚意、正心、修身、齐家、治国、平天下，为内圣外王之道'，这段论述讲的是，不管是天子还是普通老百姓，一切都要以修身为本。这里的修身，第一层意思，指按照天地间有规律的时间去生活和工作，身修好了，才能去做其他的事情。第二层意思，它告诉人们，还要去修精神的身，培养自我的德行和修为，就是要多积德、多行善，多走正道。"

小雅道："先生，我也想起一句：'其身正，不令而行；其身不正，虽令不从'，这句话该如何解释呢？"

先生道："这句话是说，为人父母，自己的身修正了，不命令孩子，他也会跟着照做；反之，如果自己做得不够好，即使命令孩子，他也不会乐意服从的。同理，作为领导，你自己做好了，下属自然会受到良好的影响；作为王，更要以言行德育来教化百姓，王做好了，民风自然好了。古语云'尧舜帅天下以仁，而民从之；桀纣帅天下以暴，而民从之'，就是这个意思。"

鹿鸣笑道："今天回去，我要给老爸好好上一堂课，先让他改掉抽烟喝酒的坏习惯！"

同学们，"身"这堂课讲完了，你们掌握了吗？我们下一堂课再见！

第十七课 体

金文　　　篆文

清晨，明媚的阳光带着炫目的光晕从长空洒落，照射在书院围墙外一块长长的菜地上。绿油油的蔬菜伸展着肥大的叶子，争先恐后享受着阳光的抚摸。

菜地里，满头大汗的鹿鸣，一边抬手擦了擦额头上的汗珠，一边喘着粗气说："先生说让我们锻炼锻炼身体……我感觉……这是在上劳动课啊！拔草、施肥、浇水，真是个体力活儿！"

小雅在一边打趣说："《孟子》不是说过吗？这叫'天将降大任于斯人也，必先苦其心志，劳其筋骨，饿其体肤，空乏其身……'你一定要好好接受劳动锻炼呀！"

鹿鸣刚要反驳小雅的打趣，先生走过来，说道："同学们都累了吧？咱们今天要讲的汉字，就是锻炼身体的'体'，所以先让大家亲身体验一番。"

在劳动中学习汉字,同学们的记忆好像更加深刻了

说话间，王婶儿提来水壶。鹿鸣端起杯子，咕咚咕咚喝了几大口。先生趁着同学们喝水的工夫，将两张写有"体"的白纸挂在了围墙上，而后用手指着道："同学们仔细看，这是'体'的金文和篆文。在金文中，右边的'豊'，通礼仪的礼。在古代社会，它是一种祭祀礼器，里面装有谷穗和牺牲等祭祀用品，这些祭祀用品会露出礼器外，就像人的四肢向外伸展一般。每次祭祀的时候，祭品都会有一定的变化，因此，'体'相对于'身'，在这个词语的本义里，指的是在外面的部分，不是根本的存在，所以就显得没有那么重要了。"

杜若问："先生，'体'的篆文，左边为何用'骨'代替呢？"

先生道："杜若这个问题提得好！篆文之所以用'骨'来代替'身'，是在强调骨骼对身子的支撑作用，以及骨骼对脏器的保护作用。骨为内外之本，所以头为骨全包围，躯干为骨半包围，四肢则不包围。"

杜若点头道："我明白了，先生！'体'的本义是指牺牲肢体，用于祭祀的身体或身体组织，后来意义扩展，用来指人的身体，或泛指各种形体、形态。"

先生顺着杜若的话语说道："确实如此！众所周知，在一般语境中，'身'和'体'是不包括头的。我们来比较一下'头''身''体'三者的不同：'头'为根，'身'为主干，'体'为四肢，所以才有四体不勤之说。动物的根在上，而植物的根在下。'体'是向外的，四肢向外才有用；而'身'是向内的，向内可生育，所以'身'有身孕的意思。"

小雅和鹿鸣逗笑说:"你可别四体不勤啊!哈哈……"

鹿鸣反驳道:"哈哈,我才不会呢!刚才不是已经参加劳动锻炼了吗?"

先生道:"刚才小雅背诵了《孟子》的名言:'故天将降大任于斯人也,必先苦其心志,劳其筋骨,饿其体肤,空乏其身,行拂乱其所为,所以动心忍性,曾益其所不能。'大家真正理解其中的意思了吗?"

鹿鸣迷茫地摇了摇头。

先生道:"'饿其体肤,空乏其身'这一句我们已经很清楚了,'身'和'体'不是一回事。那么为何要'苦其心志'呢?我们已经知道学习最重要的事情就是要先立志,立志能够给自己强大的动力,古人读书的目标志在圣贤、志在出仕、志在实现自我价值、志在服务国家和社会。范仲淹曾说'不为良相,便为良医'。越是有这样远大的志向和无畏的担当,就越容易实现自己的抱负和理想。俗语说:'志不强者,智不达。'"

小雅补充道:"有志不在年高,无志空活百岁。"

先生道:"确实如此!所以我们可以把学习的人分为三类:第一类人,没什么大的志向,也不清楚为什么学习。第二类人,有目标,但是只是为了自己,为了个人活得更好。第三类人,拥有大的志向,像张载那样'为天地立心,为生民立命,为往圣继绝学,为万世开太平';像顾炎武那样'天下兴亡,匹夫有责';像范仲淹那样'先天下之忧而忧,后天下之乐而乐'。这些人都在历史的长河中被后世的人铭记于心,一直传颂。可见,立志和不立志，是有多么大的差别啊。"

鹿鸣直起身子，自信满满地说："立志就可以成功了吧？"

先生笑着摇头道："当然不是！立志只是第一步，第二步才是关键，即'劳其筋骨，饿其体肤，空乏其身，行拂乱其所为'。同学们仔细想，当你想要有一番作为的时候，不能只憧憬美好的未来；理想当然很美好，但是实现理想的路却充满了坎坷和荆棘。不能只为胜利做准备，更要准备好迎接对等的困难。只有付出了对等的代价，才有可能换来对等的荣耀。"

小雅几个聚精会神地听着先生深入浅出的讲解。

先生继续道："生活中有很多人想要成功，也定下了令人热血沸腾的目标，他们却完全没有做好接受磨难的准备。'天将降大任于斯人也。'大志向就是大任，老天要让你承担大任，它先要考验你行不行，不能担当大任绝对不行。怎样考验你呢？这个时候你就会发现，会有很多'好朋友'不请自来，诸如失败、委屈、挫折、痛苦、低潮、嘲笑、反对等，适应了它们，战胜了它们，你就拥有获得胜利的资格了。"

小雅提问道："'所以动心忍性，曾益其所不能'这句话又是什么意思呢？"

先生道："这一句是《孟子》这段名言中的重点和难点。它重在强调人一定要做到扩容。什么是扩容？就是要扩大做人的格局，小格局只能获得小成功，大格局才能获得大成功。要让自己去沉淀、积累、忍辱负重，最后达到一飞冲天的境界。我们需要明白的是，在人世间，所有快速的成功都是短暂的，真正的成功是踏着失败的脚印，一步一步经过艰难跋涉走出来的。有一天我们回过头再理解这句话，就会懂得生活中所遭遇的失败，其实都是上天在磨炼我们的心智。如果你挺过去了，就代表你的容量增加了，格局提升了。如此一来，你就可以再接受更高的挑战，获得更大的成功。"

小雅点头："以前我们就会背诵这段话，今天我们终于明白了，《孟子》的这段话，其实是在讲一种对等下的平衡。成功是用对等的付出、努力、失败换来的，是要付出对等的代价的。没有这样的承受能力，天天立志也无济于事。光有不切实际的心灵鸡汤，只知道拼命放大自我的梦想和欲望，认为定个目标就能成功，却不肯付出对等的代价，梦想越高就会摔得越惨。"

先生点头："其实《孟子》这段话的前面，还有这样一段：'舜发于畎亩之中，傅说举于版筑之间，胶鬲举于鱼盐之中，管夷吾举于士，孙叔敖举于海，百里奚举于市。'这段话是说，舜从田地中被任用，傅说从筑墙的泥水匠中被选拔，胶鬲从鱼盐贩中被举用，管仲从狱官手里获释被录用为相，孙叔敖从隐居海边进了朝廷，百里奚从市井之间登上了相位。《孟子》这一段主要是对志于成就大事业的人说的，一般的民众，无须过分强调承受大的磨难。无论如何，想要干一番大事业之前，先问问自己，准备好迎接磨难了吗？"

同学们，"体"这堂课讲完了，你们掌握了吗？我们下一堂课再见！

第十八课 中（上）

甲骨文　　　金文

书院里，正午时分，烈日当头，先生半蹲在院子中央，正在地上插一根细长的竹竿。

鹿鸣几个看到先生奇怪的举动，都感到非常惊奇，于是询问道："先生，您这是在做什么呢？"

先生拍了拍手上的泥土，站起身来说："我是仿效古人的做法，在测量日影的长度，通过日影长短变化确定一天的时间。"

"真的有这么神奇吗？"鹿鸣半信半疑地问道。

先生不慌不忙地拿出一张纸，展开后对着鹿鸣几个说："同学们认真看一下，这个是什么汉字呢？"

杜若首先回答道："先生，我看着怎么像一根旗杆呢？弯曲的线条多么像迎风飘扬的旗帜啊！"

先生笑了，道："杜若说得没错！这是'中'。在古代社会，每当有大事需要商议的时候，需要先在一片空地上建'中'，竖立起一面旗帜，民众看到后就从四面八方赶过来，这块建'中'之地，就称为'中'，后来'中'引申为一切事物的中心。"

杜若点头说："我知道了！商王朝的时候，军队编为三军，即左军、中军、右军。中军之旗号令四方，中军之将为统率三军之帅，所以'中'有中央、正中的意思，是不是呢，先生？"

先生刚要点头，这时小雅又提问说："先生，但是'中'和测量日影之间有什么联系呢？"

先生道："古人非常有智慧。在长期的生活实践中，他们找到了通过测量日影来掌握时间的办法。在天气晴朗的日子里，竖立起一面旗帜，通过日影的长度变化，确定一日之内的中午时刻，由此制定'午'为一日之'中'。确定出中午这个时间点之后，还可以根据一年中太阳向北向南的运行规律，确定出二十四个节气，并由此形成了我们今天看到的农历。"

鹿鸣非常兴奋，脱口而出："前段时间我和爸爸去登封旅游，参观了周公测影台，原来二十四节气就是这么来的呀！"

这时王婶儿恰好进来，听到鹿鸣的话语，不由得笑着说："俺的老家就离周公测影台不远，欢迎你们常来玩。"

一句话，惹得大家都发出会意的笑声。

先生道："'中'的学问很多呢！《说文解字》上讲：'中，内也。国中，城内也。'古时候天子拥有方圆千里的地方，他们往往会选择在管辖范围的中间地段建立国都。所以大家仔细看，'中'的中间是不是有一个框呢？这是什么意思呢？它既代表空间的中,又代表时间的中。因此说,'中'内涵和外延都非常丰富,'中'流动的内涵表示它是立体动态的,不是单纯片面的。"

小雅问:"那么孔子说'中庸之道'又是什么含义呢?"

先生回答道:"孔子曾这样说过:'天下国家可均也,爵禄可辞也,白刃可蹈也,中庸不可能也。'孔子在这里告诉世人,中庸是事物最佳的平衡状态,所谓'中也,正也,不偏不倚'。为人处世要倾向于中庸,做到不偏不倚。当然这种不偏不倚,只是一种理想的状态,我们可以无限地接近,但其实和中庸差着一点距离。"

鹿鸣一边听,一边频频点头,也跟着发问道:"先生,我们的国家,为什么叫作中国呢?"

先生笑着反问道:"你可以开动脑筋想一想,它为何叫作中国呢?"

鹿鸣歪着头思索了片刻,回答说:"是不是因为我们处于地球的中间呢?"

先生道:"当然不是!中国这样的称谓,里面包含了深层含义。需要我们从天、地、人、文四个方面去理解。我们的先人认为,在天,它代表的是气之'中',古人认为,天地乃气所生——在这个世界上,我们中国所在的这片土地,恰恰不冷不热,环境温和,非常适宜人类居住。"

鹿鸣几个人连连点头。先生继续道:"在地,它代表的是地理之'中'。在古人的观念里,'普天之下莫非王土',居住在万邦的中心。古代社会强盛的一个标准,就是万国来朝,所以才有中央之国的说法。在人，古人认为，中和之气生我们中国人，我们是黄皮肤的中华民族，是这个世界上最有中和之气的人，是不是这样呢？在文，我们勤劳智慧的先哲们，创造出了辉煌灿烂的华夏文明，华夏文明是当今世界上硕果仅存的四大古文明之一，是文明中心的代表。因此我们的国家称作中国，这不是顺理成章的吗？"

小雅赞同地说："是啊！我以我是一名中国人而骄傲。我们一定要有文化自信，不可妄自菲薄。为自己作为一名堂堂正正的中国人而自豪。"

小雅的话语，引来了同学们一片热烈的掌声。

"中"非常重要，我们分两课来讲。同学们，"中"的第一堂课讲完了，你们掌握了吗？我们下一堂课再见！

第十九课　中（下）

　　课堂上，先生背着手，笑眯眯地看着讲台下准备认真听讲的同学，说道："上一堂课我们讲了'中'的上半部分，今天接着讲下半部分。谁能说出古代典籍中有关'中'的句子呢？"

　　小雅不假思索，脱口而出道："我知道几句：'中者，天下之正道；庸者，天下之定理。''中也者，天下之大本也；和也者，天下之达道也。'"

　　看着小雅出口成章，鹿鸣不由得暗自佩服万分，心里也暗下决心，要向小雅学习，多背诵一些经典名句。

　　先生不住地点头，开口道："小雅确实博闻强识，同学们要向她学习。刚才小雅背诵的几句，都和'中'有关。孔子提出了中庸之道的说法，这一说法也是中国传统文化的核心——不偏不倚，是为中庸。"

　　小雅又问："先生，'人心惟危，道心惟微；惟精惟一，允执厥中'。这句话又是什么意思呢？"

　　先生道："这句话是对中庸之道的精妙总结，里面包含'克己慎行、精益求精、执中守正'的精髓。简言之，人心是非常危险的，因为人心充斥着太多的欲望，缺乏恒定之念；但道心，它具有精微唯一的特质，所以道心是唯一的正道。《大学》里面讲'止于至善'，这里的止于，指的就是道心。"

鹿鸣听得陶醉了，陷入了沉思之中。忽然，一声小猫的叫声惊醒了他，他仿佛想到了什么，赶忙向先生提问："先生，我们明白了'中'的含义，该如何去使用它呢？"

先生点头表扬道："鹿鸣这样提问，显然他经过了一番深入的思考。使用'中'，要从两方面来理解运用，一个是空间之中，另一个是时间之中。"

先生说到这里，转身在黑板上写下了几个字：空间之中、时间之中，继续道："空间之中，指的是一个人所处的方位。《中庸》一书中说：'君子素其位而行。'什么是素位呢？素位其实指的是日常生活中一个人所处的空间位置。同学们仔细想一想，在群体之中定位合理的自我位置，有什么作用呢？这其实很好理解，位置对了，才能进行更好的团队合作。大家各司其职，各行其是，忙而不乱，发挥出团体最大的战斗力；反之，一个人找不到自己合适的位置，或者过高地估计自己，骄傲自大，妄自菲薄，这样的人是绝对不会取得成功的。"

小雅道："我明白了，先生。《中庸》云：'在上位不陵下，在下位不援上。'这句话的意思是说，处于上位者，不欺侮下位的人；处于下位者，不攀缘上位的人。谦虚低调，内敛自明，这也是一种找准自我位置的表现吧？"

先生总结说："确实如此！找准人生定位，正确认识自我，不亢不卑，努力奋进，是一种大智慧的体现。因此说'礼之用，和为贵',每个人都找准了自己的人生位置,就可以彼此和谐相处、共同奋进。"

杜若插话说:"时间之中,指的是什么意思呢?"

先生道:"《易经》上说:'君子藏器于身,待时而动。'意思是说,君子要学会等待合适的时机,而后采取相应的行动,才能取得预想中的成功。比如春天是播种的季节,而秋天是收获的季节,在合适的时机做正确的事情,就能事半功倍。"

小雅很会举一反三,她立即补充说:"对!我想到了'否极泰来'这一成语。在局面不利于自己的时候,要耐心等待,修炼自我,积累和提升个人素养,一旦时机成熟、局面好转,就抓住大好机会向目标冲刺。这句话和'君子待时而动'有异曲同工之妙。"

先生回答道:"小雅类比论证得非常正确。中庸就是用中,就是中用。具体来讲就是素位而行,待时而动——《易经》乾卦上说:'六位时成,时乘六龙以御天',指的就是这个意思。"

同学们,"中"讲完了,你们掌握了吗?我们下一堂课再见!

第二十课 华

金文　　　篆文

清晨，鹿鸣和小雅他们几个到了书院。首先映入眼帘的是书院里池塘中盛开的荷花。

鹿鸣不由得惊叹道："太美了，以前只有在公园里才能看到荷花，想不到我们书院的荷花也如此娇艳。"

小雅道："接天莲叶无穷碧，映日荷花别样红！真的很美！"

杜若也接口道："风蒲猎猎小池塘，过雨荷花满院香。真是清香扑鼻啊！"

鹿鸣看看小雅，又望望杜若，她俩随时出口成章，自己有点不好意思，不由得暗想，要努力追赶上她们的学习步伐。

幸好一只蹲在荷叶上的青蛙，听到他们的脚步声，一纵身就跳进了池塘里，发出扑通的响声，惊得小雅他们一愣，这才避免了鹿鸣过多的思绪尴尬。

几个人一边向书屋走去，一边讨论到底一片荷叶能够承载几只青蛙的重量。先生背着手站立在书桌前面,笑眯眯地看着他们,问道:"大家都看到今早初开的荷花了吗?"

"看到了!"鹿鸣几个难掩兴奋地说道。

先生微微一笑,转身在黑板上写下了"华"的金文和篆文,而后指着道:"今天我们来学习'华',大家仔细看,它的金文像不像一朵盛开的花儿呢?"

小雅点头道:"非常像!我认为它还像草木生在土上,花叶下垂的样子。"

先生道:"是的。大家知道吗?在'华'的本义中,华即是花。《诗经·桃夭》篇:'桃之夭夭,灼灼其华。'这里的'华',就是花朵的意思。"

小雅道:"先生,我记得《礼记·月令》中记载:'(仲春之月)始雨水,桃始华。'这里的'华',也是花的意思吗?"

先生回答道:"没错!不过此处的'华',是名词作动词用,指开花。因此说,春华秋实,就是春天的时候花蕊盛开,秋天的季节结出累累硕果。"

杜若问:"先生,'华'的小篆,为何在上面加一个草字头呢?"

先生道:"这里表达的是每株草上都有花的意思,指鲜花盛开的模样。《尚书·大传》上说:'日月光华,旦复旦兮。'意思是说,日月的光辉,日复一日永不停止——这也是复旦大学校名的由来。"

鹿鸣道:"太增长知识了,原来是这么一回事啊!去年暑假,我还去了复旦大学参观呢！"

先生继续道："《说文解字》上讲：'华，荣也。'表示的是花儿盛开时的状态，后又引申为繁荣昌盛、美丽有光彩、美好时光等含义。"

小雅道："先生，'腹有诗书气自华'里面的'华'，又是什么意思呢？"

先生道："这句诗是苏轼写的。苏轼的意思是说，一个人书读得多了，他的气质自然能够像盛开的花一样绽放，芳香优雅！"

这时小猫咪悄悄走了进来，一跃跳上了鹿鸣的书桌。鹿鸣一边轻轻地将它抱下来，一边笑道："你也想来蹭课，学成'腹有诗书气自华'的样子吗？"一句话让同学们发出了会心的笑声，活跃了课堂的气氛。

先生微笑着看着鹿鸣将小猫放在了地上，然后说道："我们来进一步理解'华'的含义。《尔雅》上说：'木谓之华，草谓之荣，荣而实者谓之秀，荣而不实者谓之英。'《黄帝内经》总结说：'华英成秀。'华英，表示开花了但没有结果；成秀，就是硕果累累的含义。因此说'秀'，指禾苗孕育果实——大家以后不要随便夸奖女孩子'秀气'哦。"

一席话又让同学们轻声笑起来，感觉古汉字太有意思了。

小雅清清嗓子，问道："先生，既然讲到了'华'，就给我们讲一讲'华夏'这个词的含义好吗？"

先生道："众所周知，华夏是中国的代称，最初这一词仅指中原地区，后来成了中国的代名词。孔颖达在《春秋左传正义》中说：'中国有礼仪之大，故称夏；有服章之美，故谓之华。'我们有华山、华表、华服——黄帝的妻子嫘祖发明了丝绸纺织，这些都是中华文明的重要象征，因此说，衣冠华夏也是中华文明的肇始之一。当然，华，不仅仅是服章之美，更是中国文化之美的象征，如文字之美、人文之美、典籍之美、诗歌之美、礼乐之美等——中国文化的灿烂繁荣，这全是'华'的具体体现。"

杜若道："先生，我们学习了'中'和'华'，可以结合起来具体讲解一下吗？"

先生点头："前面我们讲过了，'中，内也！'同学们想一想，植物最重要的部分是什么呢？"

鹿鸣道："种子！"

先生继续道："对！种子对植物来说，是核心，没有种子就无法繁衍生息。同样，对我们个体的人来说，重要的是外在还是内在呢？显然内在才是至关重要的。一个人夸夸其谈，只是华而不实的表现；唯有内在的'仁、和、德、善'之美，才最有内涵、气质和修养。"

杜若问："这样说，仅有'华'是不行的，对吧？"

先生道："华，本义表示的是鲜花盛开，是人们一眼就可以看得到的地方。因此说，'华'强调的是事物的外在。然而外在美不是终极，内在美比外在美更持久，所以人之美在于仁。'花''华'音同，'人''仁'音同，音同意通。再者，从时间上看，开花的存续状态非常短暂，《诗经·郑风·有女同车》中说'颜如舜华'，就是说没有德行的女子容貌只能如下品的木槿花般朝开暮落，很短暂。因此一个人要注重自我的内在修养，厚积薄发之后，才会有辉煌灿烂的时刻。"

小雅道："我明白了！'华'主要是形式，是外在；'中'主要是内容，是核心，不过对于人和事物而言，内容和形式都必不可少。一个人要想有所成就，就要完美地将'中'和'华'结合起来，达到表里如一的状态。就像我们的国家，实现民族的伟大复兴，既要'中'又要'华'。"

先生笑了："小雅举一反三。我们再来温习典籍。《道德经》上讲：'是以大丈夫处其厚，不居其薄；处其实，不居其华。'老子的这句话是什么意思呢？……老子在这里告诉人们，要多积累内在的德行，达到厚德的状态，不能只注重表面上的功夫。"

杜若问："老子是否是对'华'的否定呢？"

先生道："当然不是！我们要清楚老子这句话的对象是谁——理解了这个问题，就能更准确地理解《道德经》了。老子的《道德经》，是写给古代的君王观看的，君王富有四海，外在方面几乎没有什么缺乏的了。因此老子才告诫他们，注重内在的修炼，提升国家德政治理的水准。"

杜若几个若有所思地点点头。

先生继续道："为何老子要提'无为而治'的主张？主要原因在于老子的观点和主张所针对的对象是一国的君主，王者业已成，可以功成身退。对于普通民众而言，幻想'无为而治'而碌碌无为，这是行不通的，天上没有掉馅饼的事情，个人不去努力怎么能行呢？——中华文化内涵丰富，了解我们的文化，必须站在一定的高度去看待问题——道家讲无为而治，儒家讲礼乐天下，法家讲以法治理，道儒法结合，才能形成系统的架构。同学们想一想，是不是这样的一个道理呢？"

同学们，"华"这堂课讲完了，你们掌握了吗？我们下一堂课再见！

第二十一课 格

  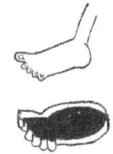

甲骨文　　　　金文

一大早，鹿鸣和小雅几个就在书屋里激烈地讨论问题。先生走到了他们的身后，同学们浑然不知。

先生轻咳了一声，随后问道："同学们，你们都在讨论什么呢？"

杜若笑着指着鹿鸣说："先生，小雅提出了'性格决定命运'的观点，鹿鸣另有自己的看法，所以两人展开辩论。"

先生笑了，走上讲坛，道："好！有争论就有思想的碰撞，学习就要拿出这种精神。既然大家在讨论'性格决定命运'的问题，我们今天就来学习汉字'格'。"说着，先生转身在黑板上笔走龙蛇地写下了"格"的甲骨文和金文。

鹿鸣感叹道："它的金文字形和现在的简体字形多么相像啊！甲骨文嘛，我怎么看不出来所以然呢。"

先生道："甲骨文的'格'，没有'木'旁，因此看起来比较抽象。其实仔细观察,它的上半部分像不像一个小脚丫呢?脚丫下面的'口',其实是人的脚印,后来演变的过程中,多了一个'木'旁。"

鹿鸣问:"先生,为什么'格'的甲骨文像人的脚丫和脚印呢?"

先生笑着解释说:"《说文解字》上讲:'格,止也。'你可以好好想一想,只有脚走过的路才知道在哪里停止下来,是不是这个道理呢?孔子也说'发乎情,止乎礼',适可而止,这是'格'释义中的一个。"

小雅点头,问道:"先生,'格'都有哪些意思呢?我知道的相关词有格斗、人格。"

先生继续道:"谈到'格'这个字,它的释义有很多。古人想象力非常丰富,他们观察树木生长的时候,将树的最高点、左右最长的两根枝条以及树根这四个点连接起来,就画成了一个长方形的格。这样一来,'格'就带有了空间限制的意思。超越了空间的束缚,就叫作出格,出格了自然就是不合规矩、不合乎礼仪了,对不对呢?"

鹿鸣歪着头笑着说:"这么说,邻居家院子里的枣树伸到我家院子里了,枣树出格了。等到它结了大红枣,我是不是可以摘下来品尝呢?"

先生也笑了,道:"哈哈,当然可以了,枣树的主人也不会说什么,毕竟是他的树出格了嘛!进一步,'格'可以引申为规矩或限制的含义。树有树格,人亦有人格,每个人都需要知道自己的人生底线在哪里，做事不出格。在对小孩子的教育上，大人们从小给他定下规矩，比如吃饭、穿衣、礼貌用语称呼等，让他明白哪些事情可以做，哪些事情不可以做，这样他才能成为一个彬彬有礼、富有教养的人。"

杜若道："先生，我想起一个'格'的词语——格斗，这也是这个字的一个释义吧？"

先生回答道："对！'格'的含义非常丰富，除了格斗之外，还表示推究的意思，如格物致知。大家听说过吗？"

小雅抢先回答说："我知道，先生！《礼记·大学》上讲：'致知在格物，物格而后知至。'人们通过探究事物的本源，从而获得大智慧。"

先生点头，道："小雅说得没错！格物致知，就是去充分认识事物的特性。比如在我们生活中司空见惯的木头，木头可以做什么呢？这个思考的过程就是格物的过程。通过格物，明白不同性能的木材有不同的用途。木质单薄易脆的木材，做成弓箭行不行？肯定不行，一拉弓就断了，还怎么去杀伤敌人呢？反过来，这种轻脆的木头可以做成琴，如梧桐树制成的木头。做琴为什么选择梧桐木呢？因为梧桐木很轻，适合传递声音。所以说，格物清楚了才能够致知，致者，至也，'知'是智慧的意思，格物成功，智慧就来了。"

杜若问："先生，这样看来，格物致知并非最终目的。它另有用处，是不是呢？"

先生道："是的！《易经》上说：'开物成务。'这句话是说,将物体加工处理,成为生活或生命的一部分。比如石头通过加工,可以做成水泥,就能在高楼大厦等建筑上发挥重要作用了。"

小雅几个听得入迷了。

先生继续道:"我们再回到刚才大家争论的问题,'性格决定命运'这句话,究竟是'性'决定命运,还是'格'决定命运呢?《三字经》上说:'人之初,性本善;性相近,习相远。'性相近,指人们之间并没有太大的差别;区别还在'格'上面,'格'的不同,才导致性格方面的千差万别,最终使得每个人的命运迥然不同。"

鹿鸣问:"先生,究竟什么样的性格,更容易获得人生的成功呢?"

鹿鸣的提问,引来了大家的一片笑声。

先生道:"这个问题也不难。同学们思考一下,是自私的人容易成功,还是无私的人容易成功呢?自私和无私就是两种不同的'格',自私的人心里只想着自己,无私的人会心系天下。心里装着的人的数量不同,规格不同,最终的结果也会不同。这样的例子也比比皆是,我们所熟知的宋代名臣范仲淹,他倡导'先天下之忧而忧,后天下之乐而乐'的理念,他就是这样一个心里面装着天下人的人,他的大格局成就了他的丰功伟业,为后人所敬仰。胸怀天下,就是这样的含义。"

小雅道:"先生讲得深入浅出。我们以后要注重'格'的修炼。"

先生语重心长地说道:"是的!每个人能力的极限就是我们

的'格'。这也是性格决定命运的含义。同样性善的人，谁的格越高，谁的成就就越大。在任何时候，我们都要注重'格'的修炼，自我的'格'上升一分，自我的境界就会提升一分，个人的能力和素养就会提升 N 倍，也会比别人高一个维度。不出格，叫礼，一个人的行为要合乎礼，礼是为人处世的根本；出格则叫仁，突破自我的极限，不断扩大自己的'格'，让自我能够影响或帮助到更多的人，这便是大格局了。"

同学们，"格"这堂课讲完了，你们掌握了吗？我们下一堂课再见！

第二十二课　局

篆文

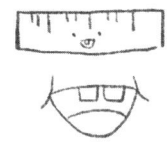

　　树荫下，鹿鸣和小雅兴致勃勃地下着象棋，调皮的小猫在旁边饶有兴致地观看，它忽然伸出爪子，将棋盘弄乱了。

　　鹿鸣哭笑不得地说："小猫，你太捣乱了，快去一边儿玩。"

　　先生不知何时来到了他们身边，轻声道："好了，上课时间到了。今天就在树下讲课吧，大家快坐好。"

　　同学们赶快各就各位，围着先生席地而坐。

　　先生将一张纸挂在了树身上，而后用手指着说："今天我们要讲的汉字是'局'。同学们看，'局'的字形像什么呢？"

　　杜若道："我看着像一枚棋子，那个'口'仿佛棋子的底座一般。"

　　先生点头："西汉时期马融在《围棋赋》中说：'略观围棋兮，法于用兵，三尺之局兮，为战斗场。'他由下棋引申为双方对阵时的态势，如对局、布局等；'为'也可以表示为事物的形势、情态、处境等，如当局、时局、格局、局面等。由此可见，棋局或棋盘其实就是对现实、兵法以及人生的一种模拟。因此班固才说'局必方正，像地则也'，意思是说，棋盘是方正的，就如同人之于大地一样。同学们思考一下，是不是这样呢？"

小雅道："先生，这个字为何到了篆文，就演变成上'尺'下'口'了呢？"

先生道："这个问题提得很好。上半部分的'尺'，表达的是规矩、法度的含义；下半部分的'口'，是说人们容易说错话，因此以'尺'加以约束。'口'在'尺'的下面，是希望人们遇事要谨言慎行，三缄其口，不要随意胡乱发表意见。因此《说文解字》才对此解释说：'局，促也。'有局促、局限的意思。"

杜若提问说："局部也是它的引申义吗？"

先生点头："是的！因为'尺'的形状像人的手臂或腿部，这两者都是人身体的一部分，因此引申为局部之意。《礼记》上说'左右有局，各司其局'，就是这个意思。除此之外，'局'还有弯曲的含义，人的四肢受到限制就会弯曲，人们常说的局背，就是驼背的意思。"

鹿鸣补充道："先生，我知道'局'还有胸襟、器量的含义，比如'格局'一词。"

先生笑道："鹿鸣举一反三，非常好！既然谈到'格''局'，我们就来说一下两者的区别。'格'，是一种立体的存在；而

'局',是一种平面的形状。所以说,'格'是三维,'局'是二维,'局'是'格'在二维世界的投影,'格'决定'局'。以人生为例,格局决定布局,布局决定结局;以性格为例,性格决定一个人的人生结局。"

小雅问:"性格决定命运这种说法,我们能够理解,性格决定一个人的人生结局,又该如何理解呢?"

先生道:"这个也不难理解。'格'者,路也。路在何方呢?其实路就在自己人生的格子里,一个人的格子越大,他的人生之路就会越宽广,机会和机遇就会越多;反之,格子太小,人生之路太窄,走着走着就没路了,又如何能够获得大的成功呢?"

杜若的眼睛闪烁着光芒,追问道:"先生,如何理解'读万卷书,行万里路'这句话呢?"

先生耐心地讲解道:"书是平面的,而路是立体的,读书会扩大自己的'局',行万里路会拓宽自己的'格'。书籍就是那些走了万里路的人,将自我的思考和书本上的知识相结合。读万卷书是为了获得'知',行万里路是为了获得'行'。生活中那些读了很多书,却没有行过路的人,他们看似无所不知,其实是在纸上谈兵。当然,这个行路不仅仅指走路,还包括一个人的实践、体验以及阅历。"

鹿鸣若有所思道:"夸夸其谈、纸上谈兵、好高骛远、眼高手低,是不是都是只有'知'而缺乏了'行'呢?"

先生笑着道:"是的!这些人就是犯了'知大于行'的错误。

眼高，指的是头脑里的知识多；手低，指的是实践、动手、操作得太少。他们只有平面的阅读，而没有立体的体验。古人倡导'学而优则仕'，学习好了去做官，通过官场上的实践磨炼，又检验和提升学识，否则就是一个'百无一用'的书呆子了。"

先生的话让同学们发出了会心的笑声。

先生继续道："我再讲一个寓言故事，加深大家对'局'的认识。春秋时期，一位身穿绿装的人来拜访孔子。他先见到在孔子门前扫地的弟子，就问他：'你知道一年之中有几个季节吗？'孔子的弟子说：'当然是四个季节了。'绿衣人说：'你说得不对，一年中有三个季节。只有孔子知道正确答案。'说着就去见孔子，问了孔子同样的话语。孔子说：'是的，一年之中有三个季节。'绿衣人开心地走了。见绿衣人走了，孔子的弟子便躬身问老师：'一年明明是四季，老师您怎么说是三个季节呢？'大家猜孔子是怎么回答的呢？"

同学们都睁大眼睛看着先生，期待揭晓答案。

先生揭晓道："孔子说：'你看那个人浑身绿色，其实他是一只蚂蚱——春天生，秋天死，根本活不到冬天。他怎么能知道一年当中还有一个冬季呢？你跟他争论会有结果吗？'"

小雅道："我明白了，先生。三季就是绿衣人的'格'，他永远看不到冬季，因为他的时间达不到，即他的'格'达不到。"

先生总结说："确实如此。'局'是当下的空间，'格'则是古往今来的空间。'格'，不光指容量大，还指时间久——从这个角度来说，慎终追远就是中华民族自古以来的人格、家格乃至国格。我们说，格局决定布局，布局决定结局。想一想，我们要活出怎么样的格局呢？"

同学们，"局"这堂课讲完了，你们掌握了吗？我们下一堂课再见！

第二十三课 文

甲骨文

　　清晨的阳光洒落在书院的石径上，踏着弯弯曲曲的石径小路，鹿鸣和杜若、小雅他们嬉笑打闹着，进入了书院。

　　王婶儿看到他们快乐的样子，笑着问道："同学们，今天怎么都这么高兴呢？"

　　杜若快人快语回答道："王婶儿，您看今天鹿鸣有什么变化吗？"

　　王婶儿再仔细打量鹿鸣，突然笑了，道："我说呢，原来是多了一副眼镜啊！"

　　小雅道："可不是嘛！这眼镜一戴，您看他显得多么文质彬彬！"

　　先生在书屋里召唤道："同学们，赶紧进来上课吧！"

　　小雅他们相视一笑，快步来到了书屋里，端端正正地坐好。

　　先生一面在黑板上书写古汉字，一面说："既然鹿鸣今天戴上眼镜文质彬彬的，我们就来讲一讲'文'。"

鹿鸣解释说："先生，这是矫正近视用的。好了就不用戴了！"

说话间，"文"的甲骨文活灵活现地呈现在了同学们的面前。

杜若惊叹道："先生描绘得惟妙惟肖。"

先生笑道："同学们看，'文'的甲骨文，像不像一个人的胸前或背后刺上了花纹的样子呢？这个花纹是一个叉形物，表示文身的意思。《说文解字》上说：'文，错画也，象交文。'指事物错综所造成的纹理或形象。《易经》上讲：'物相杂，故曰文。'因此我们看到'文'的甲骨文，表示的是一种简化图案的线条——仅仅使用四段交错的线条，就高度概括出纷繁的表义图画的特征。"

小雅问："古人懂得文身吗？"

先生道："当然了！《庄子》一书中记载：'越人断发文身。'是说远古的越人流行的风俗，要剪掉头发，在身上刺上花纹。大家想一想他们为何要文身呢？原来在远古时期，部落之间爆发矛盾冲突，当时没有铠甲一类的防身衣物，全都是赤膊上阵，一旦混战起来，很难区分敌我。于是渐渐地，士兵们就在自己的胸脯上刺上本部落的图腾花纹，再涂上一定的颜色，这就是最早的文身了。"

小雅点头："前两天我读《人类古文明》一书，说远古时期，我们的祖先常常在易于长期保存的岩壁或龟甲兽骨上，刻画一些能够表现事物形象特征的线条、图案等，以此用来记录战争、天象、祭祀等重大事件，以及一些重要的生活经验，由此流传后世，保留至今。"

鹿鸣也道："对对，我也看过类似的纪录片。"

杜若在一边发问道："先生，'文'的引申义有哪些呢？"

先生解释道："因为文身是人有意加在身体上的，所以带有文化的含义，后来引申为礼节仪式，又引出文字的含义，其中的原因也不难理解，因为文身的图形是有意义的，它是不同氏族的标志，所以用它表示有特定含义的图形——文字。"

小雅道："我们以前学过仓颉造字的故事。说在上古时期，仓颉受猎人捕猎行为的启发，通过地上鸟兽留下的脚印，于是他就采用刻画符号的方式，描画出动物的轮廓特征，这便是最初的象形文字了。"

鹿鸣道："中国的古文字真有趣。那'文'和'书'之间，有什么区别呢？为什么说甲骨文，却不能说甲骨书呢？"

先生笑了，道："这是今天学习的一个重点。'文'，是用刀具刻画出来的图画表义符号，具有较强的形象感；'书'，是用软笔写出来的表义符号，有抽象的特征。所以人们才说甲骨文、金文，不说甲骨书、金书。后世的隶书、楷书，因为用软笔书写，就不能说成隶文、楷文。有趣的是，篆文字体既有用刀刻画的，也有用笔描写的，因此既可以称之为篆文，也可以称其为篆书。"

先生的一番讲解，让同学们恍然大悟，每个人的眼睛里都闪现出求知的光芒。

小雅深受启发，发问道："先生，'天文'这一词语又该如何解释呢？天上的星星本来是孤立、杂乱无章的，为何就变成天文了呢？"

先生回答道："古人用语是非常精准的。他们夜观天象，慢慢地，就将原本孤立的星星连接在一起，而后想象成各种形状，如我们所熟知的北斗星，由此古人还把天空划分为二十八星宿，进而就发展成了我们古代的天文。天上杂乱无章的星星，按照一定的顺序连接起来，就形成了天文；同样，将杂乱无章的文字按照一定的次序排列起来，就形成了什么呢？"

鹿鸣抢先响亮地回答："文章。"

先生点头："对！俗话说，'文从胡说起'，但为什么不说'章从胡说起'呢？因为文是杂乱无章的，章是有章可循的，要想写好文章就得从一通'胡说'开始。"

一席话，说得同学们哈哈大笑起来。

先生继续道："比如，李白和杜甫他们两个，一个是诗仙，一个是诗圣。诗圣的诗容易学，诗仙的诗却很难学，这是什么原因呢？主要在于诗仙的诗没有章法可依。李白'斗酒诗百篇'，每次喝醉之后，就会文思泉涌，提笔成文，这是常人所难以达到的境界。我们常说'能工巧匠'一词，能工就是一步一步循序渐进，最后达到娴熟的地步；巧匠则不然，巧匠意味着一个人的技艺达到了超凡的地步，没有现成的章法可依。就像中国人和德国人做饭时的差别，德国人做饭，放多少油、多少盐都要拿容器量一下；而中国人做饭完全凭感觉、凭经验。能工易找，巧匠难寻。所谓的高手就是刚开始还有序、有章法，最后却忘掉了序和章法，达到更高的境界。"

杜若问："先生，既然谈到了章法和有序，为何今人很难读懂古人的文章呢？比如《论语》——好像前后章节不连贯。"

先生道："如果我们还未发掘出《论语》的价值，是因为还没有充分理解'文'的含义。刚才讲了，天上的星星杂乱无序，串联起来后就有了具体的形状。因此，我们也需要将《论语》的'文'串起来，这样就会明白文章里面所含的深意了。"

说到这里，先生端起水杯喝了几口水润润嗓子，接着道："我今天就给大家分享一下我阅读《论语》的心得体会。其一，在阅读时，要融入孔子当时的生活中去，尤其是进入孔子和弟子之间的教学角色中；其二，要结合春秋时期的历史来看，历史是最重要的线索；其三，把《论语》《孔子家语》结合着看，《论语》讲得零散一些，《孔子家语》则讲得比较详细，如此一来，我们就会获得一个整体的认知。"

小雅问："先生，我曾读《论语·雍也》一文，上面说：'质胜文则野，文胜质则史，文质彬彬，然后君子。'这句话该如何理解呢？"

先生解释道："质，实也，指人内在的质朴或朴实；文，华也，指人外在言行的文饰或光彩；野，是野人的意思，就是不懂礼的人，后来指山野村夫，他们或许目不识丁，但有十分质朴的本性；史，指古代那些掌管文辞的史官，这里指他们的文字大多虚华无实或言过其实；彬彬，文质相半的意思。这句话是说，如果一个人内在的质朴多于外在的文采，那么他就像鄙陋的村人一样；如果一个人外在的文采多于内在的质朴，那么他就像是掌管文辞的史官一样，虚华不实。只有做到文质相半，表里相称，才能称得上君子。"

小雅点头："我知道了。就是说做人要文质并重，两者互相调和——不能一有一无，或过多过少，这样才是一个君子。"

同学们，"文"这堂课讲完了，你们掌握了吗？我们下一堂课再见！

第二十四课 字

甲骨文

课堂上，鹿鸣嘴里一直不停地小声念叨着："曹操字孟德，刘备字玄德，孙权……"

杜若突然打断他："鹿鸣，刚才在路上我就听你嘴里一直念个不停，你今天是怎么回事呀？"

鹿鸣懊恼地一跺脚："杜若，都怨你——我这几天正在读《三国演义》，里面的历史人物都有自己的字——刚才我念到哪了？都被你打断了。"

小雅捂着嘴笑道："孙权字仲谋，是不是念到这里了？"

鹿鸣不好意思地笑道："对对，就是孙权字仲谋。"

此时先生从外面迈步走了进来，笑着说："原来鹿鸣在背诵古代名人的字啊。好吧，今天我们就讲一讲'字'的来龙去脉。"

先生说到这里，在黑板上龙飞凤舞地写下了"字"的甲骨文。

鹿鸣小声道："这不是一座房子里面住着一个小人吗？"

先生转身道:"这是一座房子,但不是住着孩子,而是指女子在屋子里生孩子。在读音上,'字'和'子'同音,表示下一代的含义;还和'兹''孳'读音相同,表示多个的含义。"

鹿鸣道:"中国的汉字真是太有趣了,有形有义还有音,看一遍就可以牢牢记住。我怎么感觉'字'和'孕'很相似呢?是不是都表示生孩子的意思呢?"

先生笑着点头:"今天鹿鸣的观察非常仔细。从字形上看,'字''孕'两个字字形相近。但'孕',仅表示妈妈怀孕时的状态;而'字'却指整个生育能力——不仅要怀上,还要生下来。所以《易经》屯卦上讲:'女子贞不字,十年乃字。'这里的'字',就是生育的意思。"

小雅问:"先生,古人说女子'待字闺中',这里的'字'是什么含义呢?"

先生解释道:"这里的'字',指的是女孩子的出生年月日时等基本信息。就是古人通常说的八字。古人男女成婚时,需要查验双方的八字是否相合,以此来预测夫妇的婚姻和家庭情况——古人认为八字不合,不能结婚啊!"

先生幽默的话语,让鹿鸣几个发出了笑声。

先生继续道:"古人除了名之外,还有自己的字,大家知道它俩有什么区别吗?"

小雅道:"古时孩子出生后,父母长辈的称呼叫名;上学后,师长、家族长辈取的称呼,称作字。"

先生点头:"小雅说得没错。古代有身份、有学问的人才有字。没有上过学的,就不会有人给他取字。'字'又叫作表字,称字是对一个人的敬称。《礼记·曲礼》上说:'男子二十,冠而字。'男子到了二十岁的时候,要举行冠礼,还要有自己的字,这样大家才承认已是一个青年小伙子了。"

小雅提问道:"古人的字挺有意思的。有些'名'和'字'相辅相成,如李白字太白;有些是相反的,如韩愈字退之,这是什么原因呢?"

先生笑了,说道:"这就是古人的智慧。有些字和名相辅相成,而有些则相反相成。韩愈的愈,有超越、超过的含义,超越了就要后退一些,古人讲究谦逊礼让,所以就在字上做文章。因此,'名'和'字'合起来能更好地成为一个人的符号。"

杜若也问道:"先生,我们学习了'文',现在又学习了'字','文'和'字'之间有什么区别吗?"

先生道:"杜若提的这个问题,也是我今天要讲解的重点。'文'和'字'的区别在于:独体为'文',合体为'字'。'字'本身就表示女子生下孩子,有孳生、繁衍的含义。因此说,'文'是母,母生子,'文'生'字'。再进一步分析,'文'是象,指本来的象形;'字'是像,和本来象相似的象。所以许慎在《说文解字》上才说:'仓颉之初作书,盖依类象形,故谓之文;其后形声相益,即谓之字。文者物象之本,字者言孳乳而浸多也。'"

鹿鸣惊叹道:"中国古汉字的学问实在是太深奥了!"

先生继续道:"'文',是指简单的象形和指示符号,如日、木、目、犬等;'字',指形声合体的字,如暗、梅、直、狗、物等。我们知道汉字以形声字居多，这是什么原因呢？因为'文'是基础，是核心，核心自然不多。而只有'字'才可以繁衍生息，指代世间万象。如果将'文'比喻成《道德经》里面'道生一，一生二'存在的话，那么'字'就是那二生出来的三，即'三生万物'。"

小雅道："先生，我明白了。'文'生'字'，因为有'文'的存在，所以使造字变得更加容易了一些。古人造字的时候，初始的汉字并不多，这些初始的汉字都是象形的；而由初始汉字延伸出来的字，可以达到无限多，可以根据实际的需要不断增加。"

先生道："确实如此！古人造字的原则之一就是'形声相益'。一种是形符和形符相益，一种是形符和声符相益，形符表明字的类别，声符表明字的声音。从依类象形的'文'，到形声相益的'字'，这是中国文字演变的过程。孳乳而浸多，这是中国文化演变的法则，也是汉字本身的玄妙之处。每一个汉字背后或蕴藏着宇宙观，或蕴藏人生大道，或蕴含事物背后的真相，读懂文字后，就能解读万物的困惑了。"

鹿鸣道："先生越说，我越感觉汉字的神奇。为什么博大精深的文字，仅属于古代小学的学问呢？"

先生解释道："学文字的目的是用文字，用文字的目的其实就是用来指导我们的人生。从小打好基础，再加上将来的人生阅历，我们就能更好地理解汉字背后蕴藏的深厚学问了。"

小雅道："先生可以讲一下中西方文字各自的优劣吗？"

面对这样的提问，先生的脸色变得严肃起来，他语重心长地说道："我们感到自豪的是，汉字是世界上唯一没有中断的表意文字体系。很多国家使用的是表音的符号，有音无形，如英文等。实际上，在世界几大古文明中，无论是巴比伦的楔形文字、埃及圣书字，还是希腊的线形文字，也包括我们汉字在内，都是图像符号，都是形的表示！但是前面几种西方文字，它们在形成发展中没有结合音的记录功能，因此被逐步淘汰。唯有我们的汉字，有形有声，流传至今。"

小雅道："真的要感谢智慧的古代先哲们，正因为汉字有形有声，无论是经史典籍，还是方言俚语，只要用汉字书写，每一个人都能明白理解。即使几千年前成书的《易经》《论语》，今天的我们都能读得懂、读得通。"

先生也感叹道："是啊！中华文明史薪火相传，汉字在其中的作用功不可没。虽也有字体的流变过程，从甲骨文到篆体到隶书、楷书，再到现在的简化字，但每一次的流变，都是当时文化知识的提炼，是让其音形义得到更好的结合。"

同学们，"字"这堂课讲完了，你们掌握了吗？我们下一堂课再见！

第二十五课 孝

金文

鹿鸣和小雅他们一大早就来到了书院里。刚踏入书院的大门，一阵叽叽喳喳的鸟叫声从书院里的梧桐树上传来。鹿鸣几个抬头观看，只见两只老乌鸦在忙碌地飞来飞去，它们搭建的巢穴里，几颗圆圆的小脑袋露出来。

鹿鸣惊喜地说："小雅、杜若，你们快看，乌鸦夫妇孵出来小宝宝了呢！"

杜若一边看，一边羡慕地说："小宝宝真幸福！你们看乌鸦夫妇，正不厌其烦地给孩子们喂食呢！"

这时先生从书屋里走了出来，他也注意到了树上的小乌鸦，于是笑着问道："有一句与乌鸦相关的话，谁可以回答呢？"

小雅道："是不是'羊跪乳，乌反哺'呀？"

先生点头："对，'乌反哺'。小乌鸦长大了，也会报答它们父母的养育之恩，这就是孝。"

鹿鸣建议道："先生，我们今天就学习'孝'吧！我们都想了解这个汉字的来龙去脉呢。"

先生爽朗地笑道："好！我们就从'孝'讲起。"说着他转身回屋，在黑板上写下了"孝"的金文。

杜若惊叹道："先生，这个汉字太形象了，就像是一个小孩背着一个头发稀疏的老人在走路，是不是这样呢？"

先生道："是的！同学们听过曾参与他父亲曾皙的故事吗？"

小雅道："我知道。这则故事记录在《孔子家语》一书中。有一次曾参在田地里锄草，一不小心将一棵瓜苗损坏了。曾参的父亲曾皙生气了，就抡起大棍子打在了曾参的头上，曾参被打晕了。曾参苏醒后强忍着疼痛，装作若无其事的样子，回到屋子里弹琴。他想以这样的方式告诉父亲，他的身体没有问题。后来孔子听说了这件事情，对曾参的行为不满，斥责他是愚孝。孔子还对曾参说，你的父亲用小棍子打你，你可以坦然受之；如果用大棍子打你，你就要赶快跑掉。"

先生满意地点头说道："中国是文明古国，古代社会以孝道治国。《孝经》上也说：'夫孝，德之本也，教之所由生也。'这句话的意思是说，孝是所有德的根本，古今之教化之大德也是从孝里衍生出来的。"

小雅问："先生，什么样的方式才能称得上孝？"

先生回答道："第一是孝行，'顺以事亲，敬以事长'，尊敬长辈，是一种孝；第二是孝德，'善事父母者，子承老也'，承继先祖的遗志为孝；第三是孝道，也是我们今天重点讲解的部分。从读音上看，'孝者，效也'，'孝'即效法的意思。《道德经》上说：'人法地，地法天，天法道，道法自然。'效法天地，是真正的大孝，这是因为天地为父母，人为天地之子。能够做到这些的称为'子'，如老子、孔子、庄子等。"

小雅若有所思地点头说："我明白了，先生。'孝'也有三种境界：小孝是陪伴，即孝行；中孝是传承，即孝德；大孝是超越，即孝道。是这样吗，先生？"

先生赞许地看着小雅道："你的理解没错。同学们要知道，不是只有孝顺自己的父母，只有掌握了孝行、孝德、孝道三种境界，我们才能真正地理解'孝'。如果将'孝'狭隘地理解为孝顺自己的父母，显然降低了孝的层次。孝道的精髓在效法两个字上面。"

杜若也提问道："按照先生的讲解，今人对《孟子》里'不孝有三，无后为大'的理解是不是不太正确呢？"

先生道："这也是我接下来要讲的问题。现在的人由于不能正确理解古汉字的含义，往往肤浅地理解这句话——没有生出儿子，是一种不孝。其实这种理解是片面的。无后，指没有培养出可以继承家业的人，或没有培养出超越家族前人的后代，让家族无法传承下去，是为不孝。"

鹿鸣道："听先生这么一说，我们大致明白了'孝'的含义。问题是，我们又该如何去行孝呢？"

先生道："《孝经》上说：'夫孝，始于事亲，中于事君，终于立身。'这句话的意思是，孝道的起始是侍奉、孝顺父母，孝顺父母的核心是顺从，讲的是齐家的含义；事君，不是侍奉君王，而是协助君王治理国家大事，事君的核心是事民，为百姓服务——为人民服务，才是它的本质；最后这一切，都落在了立身之上。"

小雅道："先生以前讲过修身、齐家、治国、平天下的儒家理念。做人从修身开始，通过修身积累知识和智慧，在此基础上实现齐家、治国、平天下的伟大抱负。由此看来，'修'就是'学'的功夫，而齐家、治国、平天下就是'习'的功夫。这些都做到了，是不是就达到了立身的境界呢？"

先生点头："既然说到立身，今天我也讲一下立身这个词的含义。众所周知，人的头是圆圆的，代表天和道；身体是方形的，代表地和德。之所以说立身，而不说立头，就是让人们像大地的德行一样厚德载物，简言之，立身的最低要求就是立德。比如南宋末年的文天祥宁死不屈，成为楷模——他的言行举止，就是对立德的很好诠释。"

说到这里，先生端起茶杯喝了一口水，继续道："同学们想一想，古人立身的目的是什么呢？……答案是行道，道是他们追求的终极目标。头代表天和道，立身行道，像天一样去行道，像道一样去行动，最终达到天人合一的境界。同学们明白了吗？"

"明白了！"鹿鸣他们异口同声地回答道。

同学们，"孝"这堂课讲完了，你们掌握了吗？我们下一堂课再见！

第二十六课 帝

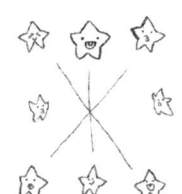

甲骨文

  温煦的午后,微风习习,知了在树上欢快地鸣唱着,先生背着手,慢步走入书屋,看到鹿鸣几个正围坐在一起,似乎在观看什么。

  先生问道:"你们在看什么有趣的东西呢?"

  听到先生的声音,鹿鸣赶忙回头,笑着说:"我们在研究古代的星空帝国呢!刚才看到北斗七星非常有意思,就像古代斗形舀酒的勺子,怪不得古人称它们为北斗星。"鹿鸣说着,指了指桌子上的平板电脑。

  先生点头,当他在黑板上书写今天要讲的汉字时,同学们也各就各位,规规矩矩坐好。

  先生回转身,问道:"同学们看一下,认识我们今天要学习的汉字吗?"

杜若摇着头说:"这个古汉字有些奇怪,笔画看起来枝枝丫丫的。"

先生笑了:"这是'帝'的甲骨文,今天我们就重点讲一讲这个字的来龙去脉。"

小雅问:"先生,北斗七星和'帝'有什么联系吗?"

先生道:"当然有了!'帝'这个字就是古人观天文而产生的。古人是非常注重对天文的观察的。比如周公曾在河南登封测日影,定节气,厘定天文。"

说到这里,先生又拿出绘图工具,在黑板上绘制了两幅大图。

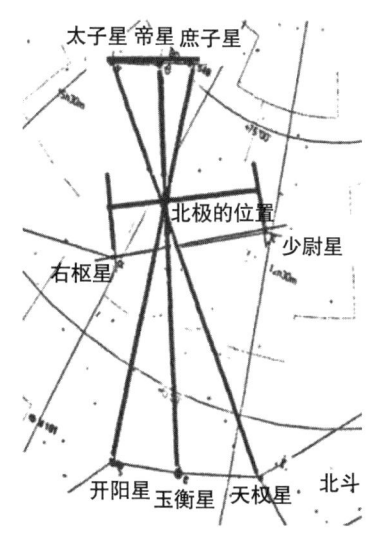

星宿在天球模拟图上的位置

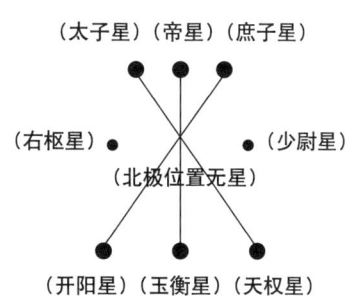

鹿鸣赞叹道:"咱们先生绘画水平这么高,当一个美术老师都没问题。"

同学们根据先生的讲述,制作了一个简单的天文小模型

先生画完图之后，指着图中的帝星道："同学们仔细观察帝星所在的位置。在帝星两侧，约相等距离的位置上，分布有太子星和庶子星；在北极的另一侧，分布有北斗柄上的天权、玉衡、开阳三星。如果从帝星到玉衡星、太子星与天权星、庶子星与开阳星之间都各画一条直线，三条线的交会处，恰好落在北极点上。我们再看中间的位置，在北极的左右两侧，各有两颗较小的星星：分别是右枢星和少尉星，将这两颗星连线，它们和上述星星的连线构成'帝'的甲骨文形状。"

鹿鸣惊叹道："听先生这么一说，'帝'和北斗星之间，还真有如此密切的联系呢！"

先生点头，道："我们再做一个模型，鹿鸣你来配合我一下。"

鹿鸣赶忙走上讲台，配合先生做了一个简单的小模型，一个"帝"模型呼之欲出。

小雅、杜若他们在下面都看呆了，为鹿鸣的动手能力和先生渊博的古汉字功底折服。

先生收起模型，讲解道："这就是'帝'最早的来源。伏羲仰观天文，俯察地理，于是一画开天，始作八卦；其实不仅伏羲观天，女娲也观天，所以有'伏羲因龙马画卦，女娲观天文成象'的说法。有一幅出土的西汉文物《伏羲女娲图》，画上伏羲手拿规、女娲手拿矩，就是描述的伏羲和女娲观天的情景。天上有天帝，即紫微大帝；地上也有人帝，或者说是人王。天帝掌管天地万物，人王掌管人世间的一切。天有五行——木、火、土、金、水，五行分时化育，以成万物。古代的王，也按照五行来改自己的号。如太昊伏羲配木，炎帝配火，黄帝配土，少昊配金，颛顼配水。"

小雅问："为什么伏羲配木呢？"

先生解释道："因为五行的运行，起于木，木为东方，为万物之初的样子，所以王者效法五行之木，以木德王天下。其次木生火，火生土，土生金，金生水，然后依次排序。"

鹿鸣他们听得入迷了。小雅快速地转动脑筋，接着问："'帝'和'蒂'相似，它们两者之间有联系吗？"

先生道："当然有了。从字音来讲，'帝'者，蒂也。造字的规律，音同意通，形似意近。蒂为女阴，'帝'最早指女娲，伏羲为阳，阳不能生，只能阴生。女娲造人，就是女娲生人。宇宙有天帝，地上有天地。'帝'和'地'读音、意思相通。天为男，地为女；天为乾、为父，地为坤、为母。地养育万物，犹如女娲一样是中华的始祖，繁衍了整个华夏。据说，女娲还通过观月来制定历法，也就是我们所说的阴历。从这个意义上说，'帝'为月观阴之道，'皇'为日光明之道。"

杜若也提问说："先生，'帝''蒂'又是什么关系呢？"

先生道："花蒂为花之根蒂，'帝'的甲骨字形又像花蒂的形状，上面像花的房子，中间像花萼，下面像花蕊，蒂在花的末端。花是种子生成、产生的地方，引申为万象开始，有开始、开端的意思。'蒂'，也有种子产生的地方的含义，引申为万物开始的地方。我们经常说的瓜熟蒂落、根深蒂固，'蒂'就是根的意思，指事物的根本。《道德经》上说：'吾不知谁人之子,象帝之先。'这句话的意思是说,我不知道道从哪里来的,可能是在上帝存在之前,它就一直存在吧!《道德经》认为,在天地被创造出来之前,帝是不存在的,道是帝的创造者,帝产生之后,它又主宰天地万物的生生不息过程。"

小雅问:"先生,'帝'是根本的含义,那么古人口中的嫡长子的'嫡',是它引申出来的含义吗?"

先生道:"《说文解字》上说:'帝者,嫡也。''帝'为根本之义,反映在家族里面就称作嫡系、嫡长子。枝叶是旁出的,就像宗族之庶,所以庶子又称支子。在皇室之中,只有嫡系后代才有资格继承皇位,而支系一脉,就慢慢变成了平民,因此有庶人之称。庶人,就是日常生活中普普通通的老百姓。就像前面图中所示意的那样,帝星旁边分别有太子星和庶子星。同样,家族中的成员多了,就需要区别血缘的亲疏关系了,有了嫡庶之分。"

小雅又问:"先生,我们一直说帝王,那么'帝'和'王'之间有什么关系呢?"

先生道:"古时候的人,他们眼中的'帝',是万物的主宰或天神,如天帝、上帝等;后来引申为帝王,指人世间的最高统治者,帝、王、君、皇都指帝王。如果非要细分的话,'帝'是'王'的嫡系祖先。在早期社会中,人们对上帝的崇拜,实际是祖先崇拜的一部分,把祖先崇拜延伸到天上,找到一个至高至远的祖先,这就是'帝'。蒂生花,其实人也像是'帝'生的花一样,这就是华夏民族'华'的由来。'华'者,花也。'华'就是'花'的本字。'夏'者,大也,华夏作为我们民族的称谓,其实就是后人以'帝'为最高的神而认祖归宗的寄托。"

小雅若有所思地点点头,道:"孔子曰:'帝者,禘也。'这句话又该如何解释呢?"

先生道:"禘,是古代一种隆重的对上天或宗庙的祭祀仪式,禘祭是最高规格的祭祀。因为'帝'是主宰天地万物的天帝,要隆重地祭祀,所以称为禘祭。"

鹿鸣发声道:"先生,可以讲一讲禘祭的具体情况吗?"

先生说:"古人禘祭时,结扎柴草为祭台,点燃后以祭天神,称为禘祭。由于禘祭是祭祀上帝的,所以祭台的形状也是模仿'帝'的形状。"

鹿鸣感叹道:"古人制定的天文历法背后,原来藏有这么多丰富的知识啊!"

先生笑道:"是的。天文历法是一切文明的基础,也是华夏文明的锚定。在制定历法的天文模型中,北极星是恒定不动的,因此北极天枢就成了锚定中的锚定,天帝、上帝、昊天上帝等词语,都是指的北极天枢。在古人的观念中,天帝居住在紫微宫,统治天上。天上有紫微宫,地上有紫禁城,都是按照天文来定的名称。"

小雅道:"先生,这真是太神奇了,古人的想象力确实太丰富了,但是所有事都有依据,有来源,有对应。"

先生继续道:"关于古人天文划分的知识,还有很多。古人将星空划分为若干区域,其基本单位叫作星官。星官根据自身包含星星数量的多少,区域大小不一。把若干个星官组合成一个大星官,叫作天区。在其中,最为重要的三个天区被称为三垣(拥有左右环列围绕、东西两藩的星才成为垣)。三垣分别是紫微垣、太微垣、天市垣。除此之外,还有广为人知的四象——青龙、白虎、朱雀、玄武。"

先生说到这里,轻轻地端起茶杯喝了一口水,继续道:"三垣之中的紫微垣,象征皇宫,包括北天极附近的天区;太微垣,象征天庭办公行政机构;天市垣,象征天庭繁华的街市。每一垣都包含着若干星官,比如紫微垣中的勾陈星官、北斗星官等。如果我们把三垣看作城垣的话,四象中的青龙、白虎、朱雀、玄武就如同三垣城垣的守护者,这种星象图形化的方式,表达了古人对天文认识的思维模式,形成了古人对宇宙观的认知。同学们,古天文知识系统、复杂、有序,古代的天文历法、政治制度、思想观念等都从它发源而来,都与此有关。要学好传统文化,一定要弄清楚古天文知识,大家可以找些古天文读物进行课外阅读。"

同学们,"帝"这堂课讲完了,你们掌握了吗?我们下一堂课再见!

第二十七课 迷

金文

篆文

清晨的书院充满了安静的氛围,一株蔷薇花下,几只彩色的蝴蝶围着洁白的小花,迎着朝阳翩翩起舞,轻灵的身体舞动着优美的舞姿。蔷薇花架下,王婶儿那只调皮的小猫咪睁大眼睛,一动不动地盯着花丛中的蝴蝶,似乎想寻找机会将蝴蝶抓下来。

鹿鸣却一路打着哈欠,精神萎靡地走入书屋。

先生看鹿鸣一脸睡不醒的样子,奇怪地问:"鹿鸣今天怎么了?是不是昨夜没有睡好呢?"

鹿鸣脸一红,支支吾吾说不出话来。

小雅偷笑着说:"先生,鹿鸣的情况我知道。这几天,他不是一直在看《三国演义》嘛,沉迷其中不能自拔,耽误了休息。"

先生理解地笑了笑,道:"喜爱中国古典文学没有错,但一定要注意合理调整自己的作息时间,不要太过着迷……好了,今天我们就来讲一讲'迷'吧!"

说到这里,先生转身在黑板上写下了"迷"的金文和篆文。

鹿鸣打起精神,一边认真观察先生写的"迷",一边道:"这个字真有趣,小雅、杜若你们看,一个脚、一个'彳',还有一个'米',共同构成了'迷',这里的脚是行走的含义,'彳'和'米'又代表什么呢?难道是吃饱了饭才有力气赶路吗?"

他的话语,让同学们笑成了一片。

先生道:"'彳'是停止的意思;'米',在这里不是我们平常所说的米,这里指田地里的庄稼,或者四通八达的样子。因此合起来表示,一个人行走到像庄稼地那样植物茂密的土地之中,或者是在四通八达的道路面前,不由得停下了脚步。就像迷路的样子,不知道应该选择哪一条路。"

鹿鸣恍然大悟,不好意思地挠了挠头。

先生继续道:"其实在'迷'的金文中,没有'米'中间的十字架,就是随意地撒了一堆小米,细碎的小米指人们生活中各种各样的欲望,因此古人就用这个字表示欲望。"

杜若问:"'迷'除了欲望的含义,还有什么意思呢?"

先生道:"还有误的含义,如《韩非子·解老》篇:'凡失其所欲之路而妄行之则为迷',指人们误入歧途;另一个,指沉迷、迷恋、沉醉在某人或某事中不能自拔。就像鹿鸣,为了尽快看完《三国演义》,竟然耽误了休息。"

先生的话语,又让大家发出会意的笑声。

小雅一边转动脑筋思考,一边问:"先生,人迷路了,意味着他失去了基本的判断能力，找不到正确的方向。人为什么会失去判断能力呢？"

先生笑了，道："是啊，人为何会失去判断能力呢？因为人们面临的选择或者诱惑太多了。一旦选择或诱惑多了，就很容易激发内心的欲望，欲望增强，就冲昏了头脑，就做不出正确的选择或判断，这个时候就真的迷糊了。同学们想一想，《西游记》里面的孙悟空，遇到过这样的选择难题吗？"

小雅反应迅速，当即回答说："我想起来了，孙悟空去海外东胜神洲寻找高人学艺那一段。"

先生用眼神示意小雅接着讲下去。

小雅继续道："孙悟空见到菩提祖师之后，菩提祖师问他想学习哪一种技艺，菩提祖师给出了好几种选择，如求仙问卜、驱邪避凶之术、朝真降圣的本领，可是在这么多的选择面前，孙悟空都摇头表示不学。"

小雅讲到这里，先生忽然又提问："杜若你来说，为什么孙悟空放着这么好的本领不学呢？"

杜若想了想回答道："孙悟空希望能够学习到长生不老的本领，让自己变得神通广大起来吧！"

先生点头，道："杜若回答到问题的重点了。孙悟空的选择那么多，可他就认定一条：能不能让自己长生不老？能不能让自己神通广大？认定了这一条，孙悟空才不会被一些小小的技艺所迷惑。这是一种在巨大的诱惑面前定力表现，有了定力之后，就不会让自己迷惑。因此当他被师傅拿着戒尺敲打了三下之后，知道菩提祖师在暗示他三更半夜去找他——孙悟空一点就通，非常聪明。大家仔细想一想，假如孙悟空这也想要，那也想学，心性不定，被诱惑迷住了双眼，就难理解到师父的良苦用心，也就学习不到七十二变的高强本领了。"

小雅接着问："先生，欲望是心所产生的东西吗？心里想要得到什么，就会产生欲望？"

先生道："不是的。老子在《道德经》上说：'五色令人目盲；五音令人耳聋；五味令人口爽；驰骋畋猎，令人心发狂；难得之货，令人行妨。是以圣人为腹不为目，故去彼取此。'……这段话是什么意思呢？它的意思是说，每个人的身上都有无穷无尽的欲望，眼睛喜欢看色彩缤纷的事物；耳朵想听好听的音乐；嘴巴想吃好吃的食物；身体想要纵情释放，无拘无束不受控制，这些都不是圣人的做法。由此可见，欲望是人的一种本能行为，和心无关。明白了这些，我们应该从何做起呢？"

小雅回答道："我们不应被欲望所控制，削减本能的欲望，抵御外界各种诱惑，最终选择正确的人生道路。"

同学们，"迷"这堂课讲完了，你们掌握了吗？我们下一堂课再见！

第二十八课 惑

篆文

下午时分,突然阴云密布,雷声阵阵。先生冒着雨快步进入书屋之中,身上被淋湿了一大片。

鹿鸣慌张地对小雅他们说:"坏了,我家衣服还在阳台上晾着呢!现在要不要回去收一下?"

先生一边整理被雨水淋湿的衣服,一边对鹿鸣说:"这个时候回去,还有必要吗?雨这么大,回去衣服也早已被淋透了,就像我,这才一小会儿,浑身上下就被淋湿了。既然回去没有用处,想通了这一点,也就别着急了。"

鹿鸣转念一想,先生说得非常有道理,就不惦念阳台上的衣服了,安安静静地坐下来听先生讲课。

先生笑道:"同学们想一想,刚才鹿鸣的表现怎么样呢?在要不要回家收衣服的事情上,面对二选一的时候,他纠结迷惑,其实他方才的犹豫和选择，经历了从'惑'到'定'的过程，而'惑'，也是我们今天要学习的汉字。"

先生说着，在黑板上写下了"惑"的篆文。

鹿鸣道："'惑'的篆文非常好认，上面是'或'，下面是'心'，'惑'和心有关。"

先生道："鹿鸣说得没错。《说文解字》上讲：'惑，乱也'，迷于事为惑。一个人心中想着这个，又纠结那个，就会摇摆不定，慢慢迷惑起来，不知道该选择哪一个。古语云：'怀疑曰惑，疑则当治之。'一个人出现了迷惑的心理现象，就要从根治这种犹犹豫豫的行为。"

杜若打趣说："鹿鸣，刚才要不是先生一番说教，估计这时你还在纠结要不要回去呢。"

鹿鸣挠着头不好意思地笑道："我又不是圣人，难免会摇摆不定……可以理解，完全可以理解。"

先生笑道："确实可以理解。古人云：'知善不行者谓之狂，知恶不改者谓之惑。夫狂与惑者，圣人之戒也。'这句话的意思是说，知道善行而不去实施，称之为狂；知道恶行而不去改正自我，这叫作迷惑，这两个方面都是古代圣人需要自律诫勉的地方。虽然我们不是圣人，但也要向圣人看齐，要驱除迷惑的干扰。"

小雅问："先生，前面您讲了'迷'是人的一种本能，指人内心产生的各种欲望，那'迷'和'惑'之间有什么联系吗？"

这时王婶儿匆匆从外面进来，递给了先生一条干毛巾。先生一边轻轻擦拭着身上被淋湿的地方,一边解释道:"'迷',是脑袋被各种各样的欲望给迷住了,受这些欲望的牵绊,人的心灵难以平静下来,一旦驱除这些欲望,就能回归初心的纯净状态;而'惑'和心有关,一个人一旦产生了惑,就会放不下,在二选一中纠结万分。从字义上看,'惑'比'迷'更让人纠结痛苦,内心很难做出选择。"

小雅道:"我可以举一个例子吗?《红楼梦》里的贾宝玉在感情上,是选择才学出众的林妹妹,还是选择大方体贴的宝姐姐,让他莫衷一是。他的这种行为,是不是'惑'的一种表现呢?"

先生笑着道:"确实如此。通过对贾宝玉内心选择的分析,我们就会明白,贾宝玉很难自己做出选择,这令他痛苦不堪。因此说,'惑',不是随随便便的两种选择,而是对核心问题的两难抉择;反之,'不惑'就是由二及一,最终找到人生的那条正道。"

小雅问:"既然'不惑'境界如此难达到,孔子为何说'四十而不惑'呢?难道说,一个人到了四十岁之后,就会拥有'不惑'的心境吗?"

先生道:"当然不是。孔子的意思是,人一旦到了四十岁,自己的一生也走过了一半的历程,在四十岁之前,人生的各种问题,基本上都遇到过了。经历多了,心态成熟了,阅历丰富了,也经受了各种错误和挫折的考验,四十岁的时候能够练出'不惑'的心境,学会放下,也不得不放下。"

小雅继续追问:"达到'不惑'的境界之后,由此又进入什么样的境界之中呢？"

先生道："其实我们每一个人都是从'迷'开始，经过不断学习、经历和总结，渐渐达到'不惑'的境地，而后以此为基础，继续修身，最终取得'一'的境界。'一'，就是定，就是止，定和止之后，不被欲望所迷，不因选择而惑，自然就可以随心所欲不逾矩了。老子在《道德经》中说：'少则得，多则惑。'选择的机会多了，就会迷惑。这句话，讲的是损益之道。损就是少，欲望减少，就可以看到事物的真相和本质，真相和本质就是道，智慧的提升和获得，离不开损欲，唯有少，才能真正得到。这就是孔子口中'朝闻道，夕死可矣'的境界。"

小雅说："《道德经》上说：'三生万物。'先生，我们是不是可以这样理解：'三'，是人生所面临的各种欲望和诱惑；'二'即阴阳，非此即彼；不惑即是'一'。"

先生点头，道："小雅认识得非常深刻。《战国策》上讲：'计有一二者难悖也，听无失本末者难惑。'这句话是说，计谋要反复思虑才不会错，做事本末兼顾才不会迷惑。人在'迷'的时候，就好像树上的那些树枝一样，千头万绪，不知该从何选起。在'惑'的时候，不如将大部分枝条都去除，剩下'本'和'末'。'本'，指木之根；'末'，指木之梢。'本''末'的问题才是问题的核心。《大学》说：'物有本末，事有终始。知所先后，则近道已。'搞清楚事物的本末、终始，才能离道更近。"

先生说到这里，端起茶杯喝了一口水后，继续道："人生就是一个先'迷'后'得'的过程。古人认为，'迷'的时候是'三'，

'三'代表万物;'惑'的时候是'二','二'代表阴、阳;'得'的时候是'一','一'代表道或太极。如此一步一个阶梯,从而达到至高的道的境界。《易经》坤卦上说:'先迷后得,主利。'意思是说,人们想要获得某些东西,必定经历'迷'的过程,必须通过自己不断的尝试、试错和努力,这样得到的才是利。否则,太容易得到,反而不是什么好事情,也会很快失去它。"

同学们,"惑"这堂课讲完了,你们掌握了吗?我们下一堂课再见!

第二十九课 解

甲骨文

篆文

一大早,伴随着明媚的阳光,鹿鸣他们几个早早来到书院,准备听先生讲新汉字。

此时两只小猫咪跳上窗台,不知道为什么打闹起来,互不相让,追逐不休。

杜若担心道:"它们不会因此受伤吧?"

恰巧先生步入书屋,他看了一眼正打架的两只小猫咪,接着杜若的话语说:"当然不会,它们不过是在玩耍逗乐而已——也是它们增长技能的一个好方式。"

说到这里,先生故意轻咳了一声。两只小猫咪似乎意识到自己的打斗影响到了同学们听课,赶忙一前一后从窗台中跳了出去,迅速消失在院子里的树丛中。

小雅笑道:"先生你一声轻咳,竟然化解了它们之间的矛盾。"

两只小猫咪不知为何在窗台上打起架来

先生也笑着说:"今天我听到大家说了好几次'解',咱们就来了解一下这个字的来龙去脉吧!"

说到这里,先生转身在黑板上写下了"解"的甲骨文和篆文。

鹿鸣在下面轻声说:"怎么看着有点像牛角呢?"

先生点头,道:"没错,甲骨文的'解',就是由牛角和两只手组成。同学们都知道,牛长有犄角,牛脾气大,杀牛时稍微不注意就会被牛用犄角弄伤。因此用手去掉了牛角,才能安全地杀牛、剖牛。所以古人在造字时,就以双手和牛角来表示杀牛、剖牛的过程。后来随着社会的发展,金属工具的出现,用刀分割大型动物更省时省力,这也体现在了汉字的演变过程中,原先甲骨文中的双手就逐渐被篆文字形中的小刀取代,这样就更加精练了一些。《说文解字》上说:'解,判也。'判,就是用刀把它分割下来。《庄子》庖丁解牛的故事中的解,就是'解'的本义。"

杜若问:"先生,'解'有分解的含义,也有剖开的含义,具体怎么区分呢?"

先生道:"理解'解',主要从两个方面去认识。其一,是解有形之物,如剖开、分开等,由此引申为土地、疆域、团队等更广泛的自然和人文社会中的分裂、涣散、解开、脱落等含义,如《国语》中'晋文公解曹地以分诸侯',就是晋文公将曹这个地方分割后,分给了各个诸侯;其二,是解无形之物,引申为对事件、问题的分解,从而产生了解释、分解、说明、理解的意思,如《礼记》有《经解》篇,杨雄著有《解嘲》一书,《庄子》

书中'大惑者,终身不解'等,都是这样的含义。"

小雅道:"我记得'解'还可以当作名词用。如唐宋时期人们将诗词、乐曲的'章'称为'解',从此之后,'解'就成了一种文体。"

先生道:"对!除此之外,'解'和'懈'在古汉字中也可以通用,如《礼记》中'三日不怠,三日不解',这里的'解'就通'懈',松懈的含义。"

小雅道:"先生这么一说,我们都明白了'解'原来有这么丰富的内涵。为什么古人杀牛的时候,不叫杀,而叫作'解'呢?"

先生道:"小雅提的这个问题很有深度。杀牛或宰牛,是很笨的一种方式,直接用刀砍,一把刀用不了几个月就坏掉了;只有解牛,才是宰牛的最高境界。以庖丁为例,他的牛刀用了三十年都不坏,这是为什么呢?原来他在宰牛的时候,从来不去砍、不去硬宰,而是寻找牛身上骨头之间的缝隙,缝隙找准了,一刀下去,轻轻巧巧地就将牛分割开来了。所以庖丁解牛,用'解',是对宰牛最高境界的一种敬称。"

鹿鸣问:"先生,如果人们在生活中遭遇了困境,遇到了困局,又该如何应对呢?是不是要用到'解'?"

先生道:"是的。《易经》中的解卦,是指解脱之道,解是内因,脱是外因。我们以'天地解而雷雨作,雷雨作而百果草木皆甲坼'这句话为例,来理解如何解困脱危。'百果草木皆甲坼'这一句,讲的是分解;分解之后是什么呢?是调解、和解,'雷雨作'就是这样的一个意思。当年齐桓公解管仲的'解',就是调解、和解的含义。调解之后还要化解，这才是'解'的终极目标。将矛盾、困局化解于无形，代表着中国哲学层面上的高智慧。"

小雅问："'解'和'判'两者之间，有什么区别呢？"

先生解释道："《易经》上说：'解，缓也。''解'是从外到内，先从排除容易的部分开始，逐步将核心的问题解决掉，其最高境界是化解，达到万物化生的层次；而'判'，是分开判断后非此即彼，不是这个就是那个，不是给他就是给她，二选一的问题。"

杜若也问："韩愈《师说》中说：'师者，所以传道受业解惑'，先生可以具体讲解一下吗？"

先生点头，道："理解这句话，需要分三个层次。一是传道的问题。古人认为，道亘古不变，圣人以道立教，老师传的就是这个道，如要传播中国人的道统文明，传承中国人的文化气脉等。二是受业。受业即授业，业分学业和事业，学业就是学内圣外王之业，事业就是举而措之为天下。《论语》第一篇为《学而篇》，第二篇为《为政篇》，《论语》这样编排是非常有讲究的，先有学业，后有事业。学而优则仕，当官也是为了造福一方百姓，这才是授业。古代的老师授业，授的是内圣外王之学业，举而措之为天下之事业。所以老师一定要告诉学生为学的目的，学生的高度越高，他们的格局、胸怀才会越广大。"

先生说到这里，提高声调道："三是解惑。我们前面说过，'惑'和'迷'不一样，'迷'的选择很多，而'惑'就是两难抉择，无论选哪一个，都是一种艰难的抉择，因此要好好地解，好好地去分析。从这个意义上说，老师传完道、授完业后，任务还未结束，还需要给学生解答困惑，因为老师讲的知识内容，学生不一定全都能理解。只有这三个流程全都走完，才是一个完整的教学过程。不知道今天我的讲解，给大家'解惑'了没有？"

"解惑了！"同学们异口同声地说 。

同学们，"解"这堂课讲完了，你们掌握了吗？我们下一堂课再见！

第三十课 释

甲骨文

篆文

鹿鸣和小雅几个来到教室里，鹿鸣看到先生的茶杯是空的，连忙拿起茶杯，在旁边的饮水机中将杯子接满水，然后轻轻地放回先生桌子上。

先生从外面走进来，他看到鹿鸣的举动后，说："最近我的茶杯都被倒得满满的呢，谢谢同学们！"

鹿鸣不好意思地回答说："我们看您讲课每天口干舌燥的，给茶杯里添点水，只是举手之劳而已。"

先生笑着道："举手之劳，也是尊师重教的表现。今天我就给大家讲一讲'释'的来龙去脉，以及古代的释菜礼。"

先生说着，转身在黑板上写下了"释"的甲骨文和篆文。而后他指着黑板说："同学们仔细看，在甲骨文中'释'中间是'幸'，表示用镣铐锁铐罪犯的含义；左右两边像不像人的左右手呢？指用手解除囚犯的枷锁，使其获得自由。因此《说文解字》上讲：'释，解也。'有解开、松开的意思，爱不释手等词语就是此义。它的引申义也有解释、解说、阐释的意思，如释义等。"

小雅问："右边'释'的篆文，为何多了'米'旁呢？"

先生道："'米'在这里不是我们现在所说的大米、小米，在古汉语的语境中，它指万事万物，即从万事万物中寻找出最为核心的地方；右边的'𡧛'，是手铐的象形字，同'敕'，表示释放罪犯的意思。《尚书·武成》一书中有'释箕子囚'，如今的'保释'等，都是这样的含义。"

杜若补充说："先生，我还知道'释'有消解、融化的意思。是不是呢？"

先生道："是的！《道德经》上讲：'涣兮若冰之将释'，这里的'释'，就是这样的含义。后来据此引申为内心释然的样子，释去了旧怨仇，自我的内心就会坦然平静下来。"

小雅问："先生，'解'和'释'是连在一起的，这两个字之间有什么区别吗？"

先生道："小雅的提问，也是我们今天的难点。简言之，'解'指从外打开的动作；而'释'指从内打开。进一步去理解，'解'，带有分解剖析的意思；'释'有着解说、阐释的意思。'解'指将一个大的物体分解，从而更好地认识清楚它；而'释'指在众多的物体中辨识出最为核心的部分。"

说到这里，先生端起茶杯，轻轻地喝了一口水，润润嗓子继续道:"'释'其实还包含'解'的一些含义。解开一件物体时要放下,因此'释'就有松开和放下的含义。如《庄子·庖丁解牛》篇,庖丁释刀对曰:'臣之所好者,道也,近乎技也。'这里的'释'就有放下的意思。成语如释重负、手不释卷等,都有这样的含义。《仪礼》中有主人释服的'释',是脱下的意思。"

小雅笑道:"先生,'释'的含义讲了很多,古代的释菜礼,是怎么一回事呢?"

先生笑着回答说:"我当然记得要讲解这个内容了。'释菜'一词,最早出现在《周礼·春官·乐师》一文:'入学者,舍菜。'这句话说的是,古代学子们在入学拜师的时候,都要以舍菜为敬,古代汉语中的'舍'和'释'通用。不难看出,尊师重道一直是我们的传统,并且是举国上下都非常重视的礼节。《月令》上也记载说:'上丁,命乐正习舞,释菜。'《礼记·文王世子》篇也记载:'凡学,春官释奠于其先师,秋冬亦如之。'这里的'释菜''释奠'都称作释菜礼。举行释菜礼的时候,学生要设置祭品祭拜先师。"

鹿鸣道:"释菜礼这么有趣啊!"

先生道:"释菜礼和孔子还有关呢。有一次孔子出游,被困于陈国和蔡国之间,一连七天都没有食物可吃。弟子们为此焦急万分,孔子却丝毫不在意,每天抚琴自娱,淡定自若。他的高徒颜回,每天在外面采摘野菜,然后恭恭敬敬地放在孔子的门口,以表示对老师的敬意。释菜礼礼轻情意重,是学生对老师内心的尊重和一心求学的志向表达。"

鹿鸣问:"古人举行释菜礼的时候,是一个什么情形呢?"

先生道:"释菜礼有一套严格的仪式和流程。《礼记·学记》篇讲:'大学始教,皮弁祭菜,示敬道也。'是说周朝的时候,每逢官办的太学开学,学子们都要身着皮弁,用菜祭祀圣人先师,以表敬重。皮弁就是鹿皮做的冠、帽子,在这里表示官帽。学子们去学习,以此来提醒他们身上所肩负的责任。"

说到这里,先生又问:"大家想知道释菜礼中用到哪些祭品吗?"

"想!"同学们听课的兴趣都被调动了起来。

先生继续讲解道:"释菜礼常用的祭品中,第一个是芹菜。'芹'通'勤',代表勤奋的含义,告诉青年学子,一定要勤奋努力学习。第二个是莲子,莲子的味道非常苦,以此来形容学习的道路是艰苦的,需要下苦功夫。第三个是红枣,寓意早日立志,早日学成。第四个是栗子,栗子外形饱满、坚实,以此来表达学生的敬畏之心。"

小雅道:"释菜礼确实很有讲究呀!先生,为什么释菜礼没能得到很好的传承,反而被束脩礼取代了呢?"

先生解释道:"释菜礼是国家大典,仪式庄严隆重。可是到了春秋时期礼崩乐坏,因此人们就将这一门槛降低了。学生第一次入学拜见老师,只需给老师带一点束脩(干肉)作为见面礼,以表示敬意。"

杜若问:"先生,释菜礼我们懂了,但为什么一定要通过这样的方式来表示敬道的含义呢?"

先生道:"《礼记·学记》上说:'凡学之道,严师为难,师严然后道尊,道尊然后民知敬学。'这句话是说,求学之道,尊重老师是难做到的。老师受到尊敬,然后知识、学问才能受到尊重;知识、学问受到了尊重,民众就会去敬重学业了。就像刚才鹿鸣为我倒水的举动,就表明他尊师重教啊!也说明他愿意从老师的身上学习有用的知识,对不对呢?"

先生的一番话,让大家发出了会意的笑声。

同学们,"释"这堂课讲完了,你们掌握了吗?我们下一堂课再见!

第三十一课 化

甲骨文

  一大早,先生就站立在书院的柳树下。几棵垂柳枝叶低垂,浓荫密布,和煦的阳光从柳丝的空隙中穿过,在地上形成斑驳的光影。慵懒的小猫,在柳树荫下蜷缩着小小的身体,香甜地酣睡着。

  鹿鸣和小雅他们快步走入书院的大门,远远就看到先生站立在柳树的浓荫下,鹿鸣不由得奇怪道:"先生这是怎么了?难道是在练习太极吗?"

  听到同学们的说话声,先生转身,笑着道:"我早就打过太极了,现在正在观察树上的蝉。"

  "蝉?"鹿鸣仿佛瞬间听到了嘹亮高亢的蝉声,这些藏在树枝叶中的小小的精灵,在炎炎夏日,如此卖力地嘶鸣着,讴歌对生命的敬仰。

杜若也奇怪地问:"先生,我们对蝉司空见惯,有什么好看的呢?"

先生道:"越是常见的事物,我们越会忽略它。同学们看这里……"先生指着柳树躯干上的几只蝉蜕。

鹿鸣走上前,道:"是蝉蜕呀?先生的意思是……"

小雅反应迅速,开口道:"先生,蝉蜕壳,化茧换骨,莫非是告诉我们这样的意思吗?"

先生舒展眉头,笑道:"小雅头脑转动得快。今天我想给大家讲'化',因此才让同学们近距离感受一下。"

说到这里,先生将早已准备好的"化"字和图形悬挂在了树上,画面惟妙惟肖,微风吹过,更显灵动神韵。

鹿鸣道:"这个'化'真有趣,仿佛两个小人并排在一起,不过是一个头朝上,一个头朝下。"

先生道:"这是'化'的甲骨文。同学们想一想,古人为何要如此造'化'呢?"

杜若道:"右边人形倒悬的样子,很像在母亲肚子里的宝宝;左边人形倒转过来,大约表示出生的含义。从分娩到出生,乃至最后的死亡,是'化'的本义吗?"

先生道:"杜若对这个字已经有了初步的理解和认识。'化',实质上是一种形式到另一种形式的转变。比如胎儿在母体中呈倒悬的姿态,出生后直立行走。这样的一个过程,就是一种转化。简言之,物生曰化,胎孕为化,人死亦为化——有的人去世被称为坐化、羽化,后来逐渐引申为造化。造化是指自然界生成万物,创造和化育万物。"

鹿鸣道:"听先生您这样讲述,感觉'化'的字义有很多层次和内涵。"

先生道:"是的!《说文解字》上说:'化,教行也',即施行教化的含义,这是'化'的第一层意思;第二层,它还指习俗、风气,具有移风易俗的含义,风化等词语即是如此;事物的性质和形态发生改变,称作变化,这是'化'的第三层含义;领会某一道理或掌握某一领域的知识,称作消化、领会,其最高境界称为出神入化,这是'化'的第四层意思;产生、化生,是'化'的最后一层含义。以人为例,人体内的五脏化为五气,外在就表现为喜、怒、悲、忧、恐五种情绪。"

小雅道:"'化'从外形上看,是一顺一倒的状态。从它表达出生、死亡的含义,可知它一阴一阳的演化;天生万物,万物又生息繁衍,也是'化'状态的体现。"

先生点头:"小雅领会得非常深刻,当然这也是她将知识转化的一种体现,然后举一反三,触类旁通。"

先生的话语,让大家发出了会意的笑声。

先生继续道:"《吕氏春秋》上说:'事多似倒而顺,多似顺而倒。有知顺之为倒、倒之为顺者,则可与言化矣。至长反短,至短反长,天之道也。'这里的顺倒和倒顺,就是一种终始的循环,这也是道主要特征的体现;天地万物生生不息,从无到有,从有又到无,如《道德经》上所说:'无极生太极,太极生两仪,两仪生四象',这是'化'的表现;生为阳,死为阴,阴阳交换变化之态，就是'化'一阳一阴的体现，以上称作化之相。明白了化之相，我们就会懂得如何化，一要因时而化，通过时间化；二要因位而化，通过空间化。"

杜若问："先生您可以以我们的学习来具体说明，如何才能将知识消化吸收吗？"

先生道："这就涉及'化'的方式了。同学们要明白，'化'是一个循序渐进的过程。俗语说一口吃不成胖子。教化非一朝一夕之功，学习上即是如此，一天一点进步，逐步提升自己；另外，想要掌握更多的知识，攀登科学的巅峰，只有用持之以恒的精神和顽强的意志与毅力坚持，日积月累，我们才会有所进步；最后还要经过一个反复的过程，就像书籍一样，开始越读越薄，后来又越读越厚，最终达到'大道至简'的目的。"

说到这里，先生停顿了一下，目光从同学们的脸上逐一扫过，道："为什么读书会有'越读越薄，后来又越读越厚'这样一个反复的过程呢？其实这就是一种消化和提升的过程。书读薄了，说明我们明白了其中的道理；后来又感觉厚了，表示我们有了更多的思考。如此从厚到薄，从薄到厚，反复消化，才能成就大学问。"

小雅一边点头，一边补充说："先生的话语，我明白了。老师教授学生知识，学生要掌握。掌握之后，还要能够深入浅出地讲述出来，只有经历这样一个教—学—教的化用过程，才算真正掌握到知识的精髓。"

先生笑道："回到了我们刚才观看蝉时的场景，蝉蜕壳之后，才能化茧换骨，歌咏自然和生命的美好。一个简单的'化'，蕴含了很深的道理。"

杜若问："人们常说变化一词，'变'和'化'之间的区别是什么？"

先生反问："杜若，你明白哲学上讲的从量变到质变的道理吗？"

杜若道："明白的，先生。这是一个长期积累的过程，当事物发展到一定程度就会引起事物性质的改变。"

先生道："明白了这一点，接下来的讲解大家会更容易明白一些。从形态上看，'因形而易谓之变，离形而易谓之化'。吃胖了、长高了，是变；羽化成蝶，则是化。从层次上看，'化'是事物性质状态的深层改变，'变'只是浅显的改变。《黄帝内经·素问》云：'物生谓之化，物极谓之变。'世间万事万物，都具备生—化—极—变几个阶段。'化'处于这一阶段的中间过程，生为化，极致之后才能发生性质上的转换，因此，'化'是内在的，'变'是外在的，即外变内化。从时间上看，'变'的速度很快，十年树木一转眼就可以蔚然成林；'化'是一种渐变过程，犹如百年树人，只有长时间的积累坚持教育学习，才能够脱胎换骨。"

小雅道："先生，我要请教的是，'育'和'化'之间的区别是什么？"

先生解释说："'育'和'化'的侧重点不同。'育'强调的是育德，'化'强调的是化行。凡以道业诲人谓之教，躬行与人，风动与下谓之化。要以德化民，化民成俗，影响、引导使其有所转变。"

"'文化'该如何理解呢？"鹿鸣也听得津津有味，不由得灵感闪现，向先生抛出了一个问题。

先生道："《易经》上说：'刚柔交错，天文也；文明以止，人文也。观乎天文以察时变，观乎人文以化成天下。'从这段话中可以看出，'文'包括天文和人文。天文，是为了确定时间和历法；人文，是为了让民众受到教化。'文'是静态的，'化'是动态的；看得见的是文明，看不到的是文化，按照'文'的思想去'化'，去行动，就是文化。通过教化，学习到文化，将掌握到的知识、智慧运用到实践上去改造自然，推动人类文明的进程，这就是文化的实质和内涵。"

小雅问："说到文明教化，我们想知道它们具体是怎样的一个情况呢？"

先生道："古今的文明教化，分为'天、地、人、典、字、术'六个方面。天，即天文。日月运行，斗转星移，风云变幻，四时更替，莫不为天文之大象。通过观察天文，才能从中获得智慧、窥探天道。地，即地理。读万卷书，行万里路，通过对山川地理的观察和认识，增长见闻和阅历。人，这里指为人师表。作为老师，应当有教无类、因材施教，起'传道受业解惑'的作用。典，即典籍。经史典籍，是古人经验智慧的结晶，是学习时首选阅读的知识宝库。字，即文字。只有充分掌握了文字的内涵和精髓，才可以达到'书读百遍，其义自见'的境界。

术,即一技之长。无论个人学问的高低、修为的深浅,必须有一个安身立命的本领。"

小雅点头:"在'天、地、人、典、字、术'六个方面,我认为文字起到了承上启下的作用,作为文明的记录载体,文字犹如打开智慧的开关,是学习经典的钥匙,是掌握文化的阶梯。只有读懂了汉字,才能阅读上千年的典籍,获得源源不断的智慧。"

同学们,"化"这堂课讲完了,你们掌握了吗?我们下一堂课再见!

第三十二课　言

甲骨文　　　篆文

在书院的不远处,是连绵起伏的青山,翠竹松林,峰峦叠嶂,溪水潺潺,泉水叮咚,落花流水,随波飘零,秀丽的景象让人有一种置身世外桃源的感觉。

半山腰上的观景小亭子,鹿鸣第一个跑了进去。紧随其后的小雅和杜若他们,因为登山的缘故,他们的脸庞累得通红,细细的汗珠从额头上慢慢地流淌下来。

鹿鸣手扶亭子的栏杆,放眼四望,远处青烟袅袅,松涛阵阵,诗兴大发的鹿鸣,不由得脱口吟诵道:"采菊东篱下,悠然见南山;山气日夕佳,飞鸟相与还;此中有真意,欲辨已忘言。"

小雅一边擦着脸上的汗珠,一边笑道:"鹿鸣你背的陶渊明的这首诗,时间可不对呀,现在是快到中午,怎么能说'山气日夕佳'呢?"

鹿鸣分辩说:"小雅,你别抬杠。诗歌嘛,就是讲究一个意境,眼前美景如画,我只是有感而发,至于时间是否对得上,不要太较真。"

此时先生也从下面的台阶赶了上来,他听到同学们的对话,接口道:"我们今天就在亭子里讲授汉字课程好不好?"

鹿鸣抢先道:"太好了!我就喜欢先生这种寓教于乐的授课方式。一边欣赏美景,一边学习新知识,两全其美。"

先生轻轻一笑,一边拿出事先写好的"言"的大纸,一边道:"刚才听到鹿鸣背诵了陶渊明的诗句,里面有一个'言',今天我们恰好要从'言'讲起。这里是'言'的甲骨文和篆文,同学们仔细看,它像什么形状呢?"

杜若道:"'言'的甲骨文,下面是口,上面好似舌头一般,整体来看,就像是从口中伸出的一条舌头;后边的篆文,像是'辛'和'口'的组合。"

先生点头,道:"杜若观察得非常仔细。'言'是口和舌的组合,古人在造字时,以此种形象的画面感来表达从舌头发出的语音,就是说话。"

小雅问:"先生,口和舌的组合好理解,为什么在它的篆文中,'言'却又变成'辛'和'口'的组合了呢?"

先生解释道:"在古代'辛'有犯罪的含义,以此警示人们要防止'祸从口出'。正如《道德经》所言:'多言数穷,不如守中。'说话说得多很容易让自我陷入困境之中,因此不如不说,适当的时候保持沉默。清代军机大臣张廷玉,秉持的人生准则就是'万言万当，不如一默！'无论说得多么正确，总会有说错话的时候，因此应当谨言慎行。"

鹿鸣惊叹道："每个汉字背后都蕴藏深刻的道理，实在是太奥妙了。"

先生接着道："我给同学们简单讲解一下'言'的字义。《说文解字》上说：'直言曰言。'意思是说，说话的时候没有经过大脑的思考和精密的语言组织，直接说出口的话语，这种称作'言'。上古时期，'言'用于告祭。'告'旨在求福，而'言'是责己忏悔，旨在责过消灾。通过告祭，起到责己忏悔、责过消灾的作用，因此古代的王，在面临重大自然灾害时，通常都会祭天以言。"

鹿鸣补充道："凡是和说话、谈论有关的字，大多会以'言'作偏旁部首。"

先生点头，道："对。众所周知，文字是记录语言的载体，因此古人又将'言'引申为发表的观点和理论体系。如'诗以言志''（诸子）百家之言'等。《易经》上说：'夫易，广矣、大矣！以言乎远则不御，以言乎迩则静而正，以言乎天地之间则备矣！'这句话的意思是说易是天地大道之言。除此之外，'言'还指言论，强调对一件事发表看法。"

小雅问："先生，我们学习的古文，称作'文言文'，为什么有这样的叫法呢？"

先生解释道："古人在表达思想时，常常'微言大义'。第一个'文'，指仓颉造字时最初的依类象形的文字，也是我们现在文字的基本；中间的'言'，指最为直接基本的表达；最后一个'文'，指由文言语写出的文章，用最精练的文字表述最直接的观点和意义。"

小雅又问："先生，我读到《论语》中这样的一句话：子贡问君子，子曰：'先行其言，而后从之。'为什么孔子对子贡这样说呢？"

先生道："这句话的意思，大家了解吗？"说着，他的目光看向了鹿鸣他们。

杜若道："我大致知道。孔子在这里告诉弟子子贡，要先做后说，做了再说。"

先生点头："子贡是孔子弟子之中最有口才的一个，善于和各个诸侯国的国君打交道。朋友多、人脉广，这是好事，不过言多必失；好夸夸其谈的人，容易犯眼高手低的毛病，嘴上说得多，实际行动少。正因为如此，孔子才告诫弟子子贡，一定要言行一致，做到知行合一。正如荀子所说：'口能言之，身能行之，国宝也。'同学们，明白了吗？"

"明白了！"大家一起回答。

鹿鸣道："先生，'言'讲完了。我们继续爬山，从身体力行开始。"说完，他第一个冲出了小亭子。

同学们，"言"这堂课讲完了，你们掌握了吗？我们下一堂课再见！

第三十三课 语

金文　　　篆文

鹿鸣打头阵,终于爬到了山顶。举目四望,天清云近,时有微风吹拂,带来一阵凉爽之气。

先生和小雅他们几个也紧随其后,一鼓作气来到了山顶。不远处,一棵松树婆娑摇摆,撑开绿荫如盖的大伞。树下还有一块巨大的青石,光洁如镜。

先生来到松树下,召唤同学们围拢过来,而后说:"刚才在半山腰的小亭子里,我们学习了'言',现在趁热打铁,再给同学们讲'语'这个字。"

说着,先生将写有"语"的大纸挂在身后的松树上,用手指着道:"同学们仔细看,'语'的金文中,左边是两个重叠的'五',两个'五'叠加,为古汉字'𫎭',表示言语上的相对。而它的篆文,是'言'和'吾'的组合。《释名》曰:'语,叙也',表示将自我的观点表达出来。"《礼记·学记》中说:'语之而不知，虽舍之可也。'意思是给学生讲解后还不明白，就暂时搁置一下。《庄子》也说，'夏虫不可语冰'，跟夏虫可别述冰啊！

鹿鸣道："先生，'语'都有哪些字义呢？"

先生道："从'语'的金文看，语从'五'，所以'语'常引申为给严谨精练的'言'做补充。如《孟子》'此非君子之言，齐东野人之语也'一句，它的意思是说，君子的话为言，齐东野人的话称为语，这是'语'的第一层含义；《说文》上讲：'语，论也。'段玉裁在《说文解字注》中又加以解释道：'语者，御也。与人相答问、辩难，谓之语。'因此，问、答都是'语'，就是谈论的意思，这是'语'的第二层含义。"

小雅问："先生，'食不语，寝不言'和'食不言，寝不语'两种说法，哪一种是正确的呢？"

先生道："当然是'食不语，寝不言'正确。吃饭的时候不谈论，彼此之间不问答；睡觉的时候不发出声音。'语'对'食'，'言'对'寝'。'食不言，寝不语'是一种错误用法，这是由于人们不懂汉字的根源造成的。"

杜若问："先生，'言'和'语'它们两者之间的区别在什么地方呢？"

先生道："'语'和'言'合称为语言，指包括自己一切已经有的观点以及与其他人交流讨论出来的话语。'语'主动告诉别人某一件事；'言'则是对一件事情发表看法。我们的国学在近现代被称作语文。其实古代汉学涵盖了很多内容，如天文、地理、文字、文章、算筹等多种学科学问。而语文中的'语'，代表语言；

'文'，代表文章，仅此而已。古人说：'是故古之王者建国君民，教学为先。'复兴中华传统文化，须从语文这一科目开始。"

鹿鸣看到先生说了这么多，赶忙将水杯递给先生。先生向他道谢，喝了几口水之后继续道："谈到语文，必然要谈作文。曹丕在《典论·论文》中，称文章为'经国之大业，不朽之盛事'。古代的作文，称作文章。"

"文章？"小雅若有所思地低语。

先生点头，道："是的。《易经》上说：'观乎天文以察时变，观乎人文以化成天下。''文'，在这里是天文、地理、人道三者的总括；那么什么是章呢？'章'，为调和音律成乐曲之法度。我们看古代的文章，无论是汉唐时期的诗赋策论，还是明清时期的八股文，现在不要说我们写了，就连读起来都倍感吃力。是什么原因造成的呢？"

先生说到这里，用征询的目光看着大家。

小雅道："我认为，现在的学生需要学习很多方面的知识，如数学、英语、物理、化学、地理、生物、政治、历史，不像古人那样只一门心思地写文章。"

先生摇头："小雅的回答，只是其中一个很小的理由，今天学生所学的学科看似驳杂，实则缺乏一种根本的文化系统。语文是在强化知识的积累，英语是在锻炼西化的思维表达，数学、物理、化学则又训练逻辑，政治、历史更多的是观点的碰撞与选择，再加上信息时代无处不在的互联网、肥皂剧、游戏、娱乐信息等的冲击，孩子们的脑袋，几乎成了各种潮流的跑马场。"

先生的话语,让同学们发出了会意的笑声。

先生却以严肃的表情继续说道:"谈到文章的创作,首先要面对世界观、人生观、价值观的问题,也就是古人所说的'仰观俯察皆有经纶'背后的定位问题。唐宋时期韩愈、柳宗元、欧阳修、苏轼等人的文章之所以能传世不灭,其根本原因在于他们文章中雄浑的人格魅力。而秦汉文章的背后,更是以三代(夏商周)以下无数先贤往圣打造出的华夏文明牢固之元典为根基。因此,不从根本上涵养自我学识,而只吹毛求疵地学一些花架子功夫,又怎么能写出好文章来呢?"

小雅道:"先生,可以再具体讲一讲吗?我们对如何写好文章非常感兴趣。"

先生点头,继续道:"《论语》中说:'质胜文则野,文胜质则史,文质彬彬,然后君子。'千古文章,在确定了自我人格角度后,就是把握好了'文'与'质'二者的关系。质,指直话直说;文,指纹饰好看。好的文章,必须兼顾真实和文采。过于强调真实,便会走向固守不变、词不达意的极端;过于强调文采,则会带来华而不实、喧宾夺主的缺点。写好文章并非难事,主要要找到'文质彬彬'中的那个最佳点,如此一来,文章便水到渠成了。因此古人说:'文章千古事,得失寸心知。'文章看似简单,但得寸心难。寸心不在'文质彬彬'之处,而在'仰观俯察'之外,在天地山河之间。"

同学们,"语"这堂课讲完了,你们掌握了吗?我们下一堂课再见!

第三十四课 论

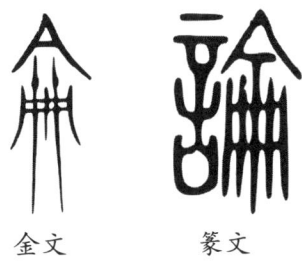
金文　　　篆文

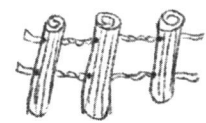

先生步入课堂后，他先扫视了一圈同学们，然后提问道："大家跟着我学习了一段时间的古汉字了，有哪些收获呢？"

小雅回答说："同学们肯定从中学习到了很多新鲜有趣，又富有内涵的知识。更重要的是，先生的授课方式使得大家都勤于动脑、敢于提问了。"

先生笑了，道："小雅是同学们中间最爱提问的学生了。敢提问、会提问的学生我最欢迎，说明大家上课开动了脑筋。但是同学们知道吗？在古代，学生的提问被称为'论'。"

杜若道："先生，为什么学生的提问被称为'论'呢？"

先生道："今天我们就好好讲一讲'论'，听完了这个汉字的来龙去脉之后，大家自然就会明白了。"说到这里，先生在黑板上写出了"论"的金文和篆文。

鹿鸣轻声对杜若道:"金文不像'论',篆文带了一个'言'旁的部首,看起来有点那种味道了。"

先生用手指着"论"的金文和篆文说:"同学们认真看,金文没有'言'旁。'侖'上面是'亼',下半部分像书简的模样,一层一层摞起来,中间两条横表示编织的含义,所以此时的'侖'是集合、整理、思考、编制的意思。我们再来看'论'的篆文,多了'言'旁,表示把思想整理后用言语表达出来的意思。简言之,'侖'与'论'是古今字。"

鹿鸣点头,问道:"先生,'论'经历了古今字的演变,它的字义有哪些呢?"

先生道:"《论语·序解正义》上讲:'论者,纶也,轮也,理也,次也,撰也。以此书可经纶世务,故曰纶,圆转无穷故曰轮,蕴含万理故曰理,篇章有序故曰次,群贤集定故曰撰。'这段话深刻地解释了'论'的字义。从'论'的金文看,'论'最初就是'侖',后来加'言'旁或'车'旁,都是一个意思。世事很繁杂,就如同丝线,把它拉直、编排整齐、用横竖分格并组成网为'经纶'。《易经》屯卦大象辞就是'君子以经纶'。'侖'的整理不仅可以为方,也可以为圆,古人效仿天道圆轮而造出车轮,这也是'圆转无穷'一语的来历。"

小雅问:"先生,'蕴含万理故曰理,篇章有序故曰次,群贤集定故曰撰',这几句话该如何理解呢?"

先生解释道:"《玉篇》一书中讲:'侖,思理也。'这里的'理',是纹理。儒家学者认为《论语》'蕴含万理'。'侖'又通'伦',

伦理次第，引申为篇章次第有序，故次也。论，是整理后的言论，引申为写下的著作，故说'群贤集定故曰撰'。"

小雅道："'论'的字义确实很深奥。'论'有议论陈述、分析说明事理的含义，除了这些，它还有哪些含义呢？"

先生道："《尚书·周官》上说：'兹惟三公，论道经邦，燮理阴阳。'这里的'论'，有讨论分析的含义，引申为衡量、评定，比如论功行赏、论罪处理等。文人把自己的观点总结阐述后，可以称之为论。我们现代的议论文，就是一种以议论为主的文体。因此说，'论'，贯穿在中华几千年的皇皇巨著之内。"

杜若问："先生，我最怕写议论文了，都不知道怎么能写好。"

先生笑着说："这个倒不难。论述时抓住事物或问题的核心要点，层层深入，剥茧抽丝自然水到渠成了。"

小雅提问道："先生，《论语》为什么叫这样的书名呢？"

先生解释道："《文心雕龙》上说：'昔仲尼微言，门人追述，故仰其经目，称为论语，盖群论立名，始于兹矣！'这段话的意思是说，孔子微言大义，门人弟子经过整理归纳后，称之为《论语》。《论语》中的'论'，是论难，即学生不明白的地方，向老师提出问题；《论语》中的'语'，是老师回答学生问题所讲的话。"

小雅点头，继续问道："先生，古代的学子会向老师提哪些问题呢？"

先生道："学生们的问题基本上是六艺的学问范围。六艺分为大六艺和小六艺，小六艺就是我们熟知的礼、乐、射、御、书、数六个方面；大六艺就是六经，是《诗经》《尚书》《礼记》《乐经》《易经》《春秋》。具体来说，小六艺中的礼、乐侧重实操，六经主要是理论。《庄子·天下》一文中指出：'《诗》以道志，《书》以道事，《礼》以道行，《乐》以道和，《易》以道阴阳，《春秋》以道名分。'"

杜若插话道："先生，可惜六经之中的《乐经》丢失了。"

先生道："是的！《乐经》在流传的过程中不慎失传，所以后来称五经。五经是古代的大学教材，而四书只是五经的注脚而已。"

小雅又问："先生，《论语》里面句子类似名言警句，也没有把事情的前因后果交代清楚，都是高度概括的句子，读起来好像也没有前后的联系，缺乏系统性，为什么《论语》要采取这样的编写体例呢？"

先生解释道："《论语》这本书，它采用格言的方式，非常适合传播，什么人都可以读——普通老百姓可以读，知识分子也可以读。《论语》门槛很低，读了之后都可以脱口而出，背诵流传。可以看出，孔门的弟子在编纂《论语》的时候一定是下了很大的功夫，目的是让《论语》流传得更广。对普通人而言，学习《论语》是了解孔子最简单直接的方式。"

鹿鸣道："先生，如何了解孔子的思想呢？"

先生语重心长地说："我们需要延展阅读《孔子家语》及《诗经》《尚书》《礼记》《易经》《春秋》五经了。如果再系统化一点的话：先读《史记》中的《孔子世家》和《仲尼弟子列传》，再读《论语》和《孔子家语》，然后是五经，尤其是《易经》（又被称为《十翼》），它是孔子思想的精华所在。最后是《孔子集语》《孔丛子》以及诸子书里对孔子的记录。"

　　同学们，"论"这堂课讲完了，你们掌握了吗？我们下一堂课再见！

第三十五课　说

篆文

鹿鸣他们刚在自己的座位上坐好,先生就精神抖擞地走了进来。

鹿鸣觉得先生今天格外精神,穿戴一新,头发也像刚理过一样,不由得称赞说:"先生,今天的您太有范儿了!"

先生微微笑着,说道:"我有一位要好的朋友从国外回来,中午我们要见面,所以稍微打理了一下。"

杜若脱口而出:"'学而时习之,不亦说乎?有朋自远方来,不亦乐乎?'和至交好友相见,自然心情愉悦。"

先生点头,道:"今天我们就来学习一下'说'吧!"说到这里,先生笔走龙蛇,在黑板上写下了"说"的篆文。先生用手指着说:"同学们仔细看,'说'左边为'言',右边为'兑','兑'就像人开口出气的样子。小雅,'说'都有哪些字义?"

小雅赶忙快速地转动脑筋,回答说:"喜悦、说明、解说、陈述、谈论等。"

先生点头,补充道:"'说'本义为喜悦。'悦'为'说'之后的分化字。说明、解说是'说'的第二个字义,《说文解字》上解释:'说,释也',就是此义;《释名·释言语》上的'说,述也,宣述人意也',这里的'说',是谈说之义;《诗经毛传》曰:'说,数也',是陈述之义。'说'从'兑'来,兑上的'八'既是开口之义,也是算筹之义。我们知道,陈述事情需要一件件叙述,因此'说'也有次第、层次的意思;除此之外,《广雅·释诂》道:'说,论也。'辛弃疾《酒泉子·流水无情》的'三十六宫花溅泪,春声何处说兴亡',这里面的'说',是谈论、评论的含义。"

鹿鸣道:"'说'的含义如此丰富,不学习古汉字真的不知道。"

先生道:"是的!'说'在古代很少用,然而一旦用了,就表示其含义非常重要。许慎的《说文解字》、孔子的《说卦传》里的'说',就是谈论到极致,论述事物的根本的意思。正所谓'一本散万殊,万殊归一本',这才是'说'的核心。"

小雅问:"先生,为什么'说'有'一本散万殊,万殊归一本'的核心呢?"

先生解释道:"《易经》的兑卦上讲道:'丽泽兑,君子以朋友讲习。'丽泽就是两个泽,也可以理解为一正一反、一阴一阳。延伸一下,'讲'的古字,左边为'言',右边为'冓','冓'

其实表的就是阴阳,古人认为阴阳为事物的根本,讲到阴阳才能讲到了根本之意。我们再来看看'兑'的字形。"

先生说到这里,随手在黑板上写出了"兑"的古体字,然后指着讲道:"'兑',上面是'八','八'的本义是分,即分阴分阳;中间为口,口也可以看作圆形,循环之意,也表示完整全面地阐述,可以正着说出去,也可以反着说回来。同学们明白了吗?"

小雅一边频频点头,一边提问道:"先生,稍微有点难,请再深入讲解一下。"

先生道:"理解这个问题,需从'兑'的字形说起。'兑'的下半部分是'人',上半部分是'八',表示分;'八'像不像人脸部两边的法令纹呢?人在笑的时候,法令纹就出来了,因此说,'兑'就是开口笑,喜悦的意思。不仅'说'有喜悦的意思,其他含有'兑'的汉字,都有喜悦的意思。"

杜若问道:"学习、温习,为什么会不亦说乎呢?"

先生笑了,道:"通过学习,能够解开我们心中的困惑,自然会发自内心地快乐;我们学了之后要将自己领悟的道理说给别人听,不仅自己懂,还要让别人懂,这才是习。学完不说,仅仅是为自己学而已。学完讲习,乃为造福别人而说,带有传道的韵味了。自己得到的只是小快乐,造福别人了才是大喜悦。'兑'加'月'为脱,解脱之脱,通过学习让自我脱于蒙昧而成为君子;'兑'加'虫'为蜕,如蝴蝶破茧成蝶,每一次蜕变都意味着生命层次的提升,在自我提升中去品味生命的真谛,因此蜕变是令人倍感喜悦的。"

鹿鸣道:"先生,原来'说'来自《易经》兑卦呀!兑卦上缺,像人之口,能言而说,能乐而悦,亦能解人之惑而脱于蒙昧,成就君子圣贤之德,通过蜕变实现自我生命层次的升华,想想就令人喜悦。"

同学们,"说"这堂课讲完了,你们掌握了吗?我们下一堂课再见!

第三十六课　元

甲骨文

金文

迎着徐徐东升的朝阳，王婶儿站在书院的柳树下，神情专注、不急不缓地练习着太极拳法。

鹿鸣和小雅他们放慢脚步，生怕惊动了王婶儿。鹿鸣走在前头，一边向书屋走去，一边道："我看王婶儿的太极拳越来越熟练了，动作娴熟，拳法流畅，长期坚持下去，一定会对身体有好处的。"

杜若道："说到练习太极，我想到了太极图。对了，鹿鸣，你认真看过太极图吗？中间一黑一白的圆点代表什么意思呢？"

鹿鸣一时之间回答不上来，只好支支吾吾道："这个……这个嘛……让我好好想一想再回答你的问题。"

这时先生从后面走来，听到他们的对话，笑着道："既然杜若提出这样的问题，我们今天就讲一讲太极图中黑白小圆点的含义。"

先生说着，快步走上讲台，在黑板上写下了"元"的甲骨文和金文。

杜若道："这是什么字？看起来像是站立的人，它和太极图中的圆点有什么关系呢？"

先生笑道："杜若你别着急，学习汉字，我一步一步讲解，到时你们就会理解它们两者之间的联系了。同学们仔细看，这是'元'。甲骨文中的'元'用两横表示人体的头部，为什么用两横表示人的头部呢？因为两横的甲骨文表示'上'，由此来指人的头部，引申为最开始、最上面的人，如祖先、元首等。两横也可以理解为天地阴阳，下面站立的人是天地万物中最有灵性的一种生物，因此有三才（天、地、人）之说。而到了'元'的金文，两横就演变成了小圆点，指人的头部。"

小雅灵光闪现，脱口道："这样说来，天地阴阳本身没有价值，只有到人出现之后，才让天地生动起来，是不是呢？"

先生点头："确实如此，所以'元'也代表天地阴阳衍化出人这种最初的状态。从字义上看，'元'的含义非常丰富，它的本义是人的头部，有首的意思，三军统帅称作元首；'元'的第二层含义指起始、开始，如元旦。古时候人们称长孙为元孙，这里的'元'有第一的含义；除此之外，'元'还有大、本等意思。"

小雅道："先生，'元'和'圆'、'元'和'原'，以及'元'和'源'，它们之间不仅读音相似，意思也相近。"

先生道:"是的。古人常用通假字,比如'元'和'圆'相通,表示太极原始的含义;'元'和'原'也都有起始的意思,不过'元'侧重于抽象、整体的开始,'原'侧重于个体、具体的开始;'元'和'源'有根本的含义,如'为有源头活水来'。"

鹿鸣惊叹道:"想不到小小的'元',竟然有如此丰富的含义。"

先生道:"这正是汉字的博大精深之处。从'元'之相来看,'元'为万物之始,春天为元,始万物为元。'元'还含有时间的意思,如宋朝邵雍的《皇极经世》上说:'三十年为一世,十二世为一运,三十运为一会,十二会为一元。故一元共有十二万九千六百年。'再者,'元'为天地之始。天地之初,浊气下降为地,清气上升为天,因此'元'为气之始;'元'还是德之始,元德是最美好的品德修为。"

小雅提问道:"先生,'元'是天地阴阳最初时候的状态,它和太极之间有关系吗?"

先生道:"刚才杜若所问,太极图中间一黑一白的小圆点,究竟代表什么呢?其实这个小圆点,就代表太极。古人认为,万事万物无一不是从太极中延伸出来的,太极为元,元即太极。此太极又生无数小太极,万事万物皆是太极。太极中间的圆点是始终不动的,其他都在变化,而'元'就是那个不动的圆点。不管时间如何变迁,空间如何变化,这一圆点始终能够守住自己的元德。有了元德,就能延伸出本、长、大、善等无数美好事物的小太极。"

小雅又道:"先生,前几天我读《乾卦·文言》,还做了笔记。上面说'元者,善之长也;亨者,嘉之会也;利者,义之和也;贞者,事之干也'。这里的'元',请为我们讲解一下。"

先生端起杯子轻轻抿了一口水,思索了片刻,而后整理道:"元、亨、利、贞为《易经》中的四德,取自自然界万物的生长过程。元,象征事物的初始,对应春生,对应植物的发芽;亨,象征事物的成长,对应夏长,对应植物的生长;利,象征事物的收获,对应秋收,对应植物的开花结果;贞,象征事物的收藏,对应冬藏,对应植物落叶过冬。元代表仁,亨对应礼,利对应义,贞对应信。智在四德中间,合起来为五常。由此可见,元,是《大学》里的'明明德',也是《中庸》里的'天命之谓性',也是《道德经》里讲的'无名为天地之始'。今天大家都认识'元'了吗?"

"认识了!"同学们一起回答。

同学们,"元"这堂课讲完了,你们掌握了吗?我们下一堂课再见!

中国字——讲述中国人的思维和汉字的故事

第三十七课　玩

篆文

上课时间快到了，调皮的鹿鸣看到先生还未来到教室里，就在黑板上写下了"玩"。

杜若道："鹿鸣，你这是在练习字吗？一会儿先生发现了，估计会吵你哦。"

鹿鸣道："我尝试沿着古人的思路，琢磨古汉字，比如先生给我们讲了'元'，我就思考带有'元'偏旁部首的古汉字都有哪些，除了'玩'之外，还有……"

鹿鸣刚说到这里，突然感觉周围安静了。他赶忙回头，发现先生就站在他的身后。鹿鸣连忙笑道："先生，对不起，我只是……"

先生和蔼地笑了笑，道："不用解释，快下去坐好听课吧！"

鹿鸣赶快回到自己的座位上。

先生继续道:"既然鹿鸣写了一个'玩',我们就来讲一讲它吧。"说着,先生在鹿鸣写的"玩"旁边,写出了它的篆文。

鹿鸣惊叹道:"这张图片真有趣,好像一个人在玩杂技呢!"

先生纠错道:"不是在玩杂技,而是在摆弄玉石。在'玩'的篆文中,这串像'王'模样的玉石最终简化成了'王'偏旁,不过它依然表示玉石的含义。《说文解字》上说:'玩,弄也。'代表玩弄玉的含义。'玩'还引申为研习的含义,如《易经·系辞》上讲:'所乐而玩者,爻之辞也。'这里的'玩',就是研习的意思。"

小雅道:"先生,古人如何玩玉呢?"

先生道:"古人玩玉之前先治玉,或者说,治玉是玩玉的一个必不可少的前提。治玉,包含'如切如磋、如琢如磨'四个步骤。古人认为难做的事情有两件,一件是治水,另一件是治玉。"

杜若问:"先生,治玉很难,古人为何要迎难而上,花费精力去治玉呢?"

先生道:"这里面涉及玉的相关文化知识。在古人的观念中,玉可以通达天地,治玉,并且制出最好的玉,来开展祭天仪式。具体而言,祭天的玉叫璧,圆形,如和氏璧;祭地的玉叫琮。祭春天的玉为青玉,祭夏天的玉为赤玉,祭秋天的玉为白玉,祭冬天的玉为墨玉。《周礼》中记载:'以玉作六器,以礼天地四方:以苍璧礼天,以黄琮礼地,以青圭礼东方,以赤璋礼南方,以白琥礼西方,以玄璜礼北方。'"

小雅道:"古时候朋友之间断绝关系,就送对方一块玉玦。

君子绝交,不发恶声,不说对方一句坏话。"

先生道:"是的!古语云:'君子绝交,不发恶声。'即使不是朋友了,也不要说对方的坏话,这就是玉文化里面的一种美德。"

鹿鸣问:"先生,我迷惑的是,古人为什么有玩玉这样的说法呢?为何非要玩玉呢?换其他事物不行吗?"

先生解释说:"我先来回答鹿鸣提出的第一个问题。玩玉的玩,是一种有层次的玩,'如切如磋,如琢如磨',认真投入其中,做人、做事、做学问都要如此,这叫真正的玩。我们日常说的玩游戏、玩耍等和'玩'的本义相去千里。古人的'玩',是游山玩水,与天地共玩。《淮南子》上讲:'玩天地于掌握之中。'要有切、磋、琢、磨的'玩'的功夫,这样就离元德、离大人不远了。"

先生说到这里,目光看向听得入迷的鹿鸣,继续道:"现在我来回答鹿鸣的第二个问题。古人之所以玩玉,是因为古人认为玉具有通天的灵性。玩的字形左边是'王'(玉),右边是'元','王'(玉)代表的是人的元德,美玉含有多种德行。一个人想要成为君子,同样需要切磋琢磨,具备玉的多种德行。在成为君子的过程中,不应该感到痛苦,应该是一个愉悦的过程。因为快乐所以称为玩,因为玩所以才快乐。所以孔子说:'知之者不如好之者,好之者不如乐之者。'君子佩玉,不是打扮装饰,而是按照玉德规范自己的言行。"

鹿鸣一边点头,一边又问:"先生,给我们讲讲玉的美德吧,我们都想了解，也想向君子看齐。"

先生笑了，道："中国有自己独特的德玉文化。玉的美德是孔子提出来的，记载在《礼记·聘义》中。玉光泽温润而内敛，是仁德的体现；玉质地致密而坚实，是智的表现；玉有棱角却不伤人，是义的特性；玉悬挂时沉稳端庄，是礼的表现；玉声起音悠长，抑扬顿挫，体现了乐的美妙；玉将瑕疵和光华同时展现出来，却能瑕不掩瑜，是忠的表现；玉色彩光华自内而发，表里如一，这是信的体现；玉的气质仿佛长虹，汲取上天的灵气，玉的精神仿佛山川，凝结大地的精髓，这是德的表现。天下人都重视和珍爱玉，体现了自然之道。"

小雅说："先生，许慎在《说文解字》里也提到过玉的美德。"

先生点头："是的！《说文解字》中说：'玉，石之美者，有五德，润泽以温，仁之方也。䚡理自外，可以知中，义之方也。其声舒扬，专以远闻，智之方也。不挠而折，勇之方也。锐廉而不忮，絜之方也。'许慎将这五方面的特性赋予拟人化的表现，从而概括出玉仁、义、智、勇、洁的五德。"

同学们，"玩"这堂课讲完了，你们掌握了吗？我们下一堂课再见！

第三十八课　尊

甲骨文

金文

一大早，先生就早早迎候在书院的门口。

鹿鸣远远望见先生，对小雅他们说："咱们是不是迟到了呢？要不然先生怎么会突然站在书院的门口迎接我们呢？"

小雅道："肯定不是。我猜今天一定有特别的地方，先生总是给我们惊喜。"

说话间，大家来到了书院的门口，先生笑眯眯地对同学们说："我知道同学们都喜欢汉服，今天我们就穿汉服上课好不好？"

杜若兴奋地说："太好了！上次我们就只穿了一天。我还回家让妈妈给我做一件呢！"

在王婶儿的帮助下，同学们一个个换上了美丽的传统服装，一下子变得像电视里的古人一般，衣袂飘飘，风度秀雅。

书院的老师和同学们都换上漂亮的传统服饰，连王婶儿也不例外

鹿鸣一边打量着身上的汉服，一边问："先生，今天要讲什么汉字呢？这么隆重。我感觉自己仿佛穿越了一般，像是古代的儒雅书生。"

先生点头微笑着，然后转身在黑板上写下了"尊"的甲骨文和金文。先生用手指着说："同学们仔细看，这是'尊'的甲骨文，本义表示古代酒器和祭祀用的礼器，《说文解字》上说：'尊，酒器，周礼有六尊，以待祭祀宾客之礼。'它的上部像酒坛子，在这里表示酒。两手捧着一樽酒的样子，为祭祀的行为表现。同学们想不想感受一下呢？"

"想！"大家异口同声地说道。

先生示意鹿鸣上前，将桌子上的一件仿古樽器递给了他，笑着道："同学们光顾着欣赏身上的汉服了，都忘了桌上的酒器。这就是——樽，鹿鸣你来给大家示范一下。"

鹿鸣小心翼翼地接过樽，按照先生的指示，完成了倒酒、斟酒的动作。

先生满意地点点头："我让大家穿汉服，动手体验，是为了激发同学们的感受和领悟能力。《礼记·礼器》上说：'夫奥者，老妇之祭也，盛于盆，尊于瓶'，这里的'尊'是盛酒的意思。从字形上看，'尊'的甲骨文和'鼎'相似，古时祭祀都要用酒，双手承奉酒器——就像刚才鹿鸣展示的那样。不同的是樽形状小一点，可以用手握住；鼎的形状大一点，是作为天子祭天的礼器，以及家族的传承之器。因此'尊'的本义是指举杯敬酒。"

小雅问："先生，尊敬、尊崇，是不是'尊'的引申义呢？"

先生道:"是的!'尊'还有另外的引申义。许慎在《说文解字》上说:'尊,或从寸。'寸,右手加一横。古时以右为尊,以左为卑,一横表示王的唯一,王权的说一不二,代表着大家要遵守的准则。《墨子》上说:'然则守着必善,而君尊用之','尊'即是遵循依照的意思。有的甲骨文旁边加上表示高和层次的'阝'旁,引申义为高。"

说到这里,先生再次强调道:"古时以右为尊,以左为卑,接下来我们再讲一讲'卑'。"

同学们,"尊"这堂课讲完了,你们掌握了吗?我们下一堂课再见!

第三十九课　卑

金文　　　篆文
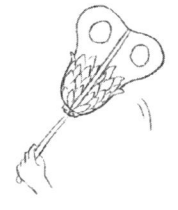

"尊"讲完了，鹿鸣他们担心打翻了樽，课间休息时将樽交给王婶儿保管。先生也趁着这时的工夫，在黑板上写下"卑"的金文和篆文。

鹿鸣左看右看，还是一头雾水，问道："先生，金文的'卑'，我怎么看出了扇子的模样。"

先生笑着道："这也不奇怪。金文的'卑'，像是一只手拿着大扇子服侍主人的样子，以示卑微状；又像是戴着鬼头的面具。《说文解字》上说：'卑，贱也。'刚才我们讲了，古时尊右而卑左，右重而左卑。卑为贱，有卑微的意思。因为卑微导致身份地位低下，拥有的财富也非常少，后来引申为微弱的含义。《史记》中说：'鲁由此公室卑，三桓强。'意思是那时鲁国的公室势力越来越微弱，'三桓'家族反而强盛起来了。"

小雅问:"为何'卑'的金文,看起来像戴着鬼头面具的样子呢?"

先生解释道:"我们知道,鬼为阴,藏在面具后,表示收藏的含义,因此说,卑者要承载很多事物,要有足够的承受力、包容心,因为它的字义引申为包容、承载、托起的意思。除此之外,'卑'还有低处的含义,地势低下,也表示谦恭、谦卑之意。"

小雅又问:"《易经·系辞》上说:'天尊地卑,乾坤定矣;卑高已陈,贵贱位矣。'先生可以讲解一下吗?"

先生道:"《易经·系辞》为孔子所作。'天尊地卑,乾坤定矣'这句话的意思是说,天尊贵在上,地谦卑在下。《易经》中说乾为天、为高、为阳,坤为地、为低、为阴。从空间上看,尊为高,卑为低。从阴阳上看,尊为阳,卑为阴。从感受上看,天在上,离我们很高很远,摸不着,觉得它尊贵;大地离我们很近,触手可及,而它和天相比,处于'卑'的地位。'尊'是往上走,因为酒樽的口是圆的,代表天,为阳;'卑'是往下走,卑是方的,方为面具,代表地,为阴。天尊地卑讲的是阴阳二气的流转。"

杜若灵光乍现,问道:"先生,'男尊女卑'该如何理解?是说我们女生地位低下吗?"

先生笑着道:"当然不是。男尊女卑,说的不是身份的贵贱,而是定位、角色的不同。古人认为,男主外,因为男为乾,只有到外面打拼奋斗,才会自强不息;女主内,因为女为坤,女人为一个家庭的根,要主内。其实女人相夫教子很不容易——是辅佐的意思,费心费力。丈夫在外面立功,妻子在家立德,角色定位不一样罢了。"

杜若和小雅等人听到这里,不由得相视一笑。

先生继续道:"'卑高已陈,贵贱位矣'这句话的意思是说,天地间万事万物,莫不由卑下以至高大杂然并陈。'天尊地卑,乾坤定矣'这句话是在讲天道,天道的视角是从上往下看,从天看地。"

小雅问:"为何是'卑高已陈',而不是'高卑以陈'呢?"

先生解释道:"'贵贱位矣'重在讲人道,人道的视角是从下往上看,所以卑在前,高在后——天道没有贵贱,人道才有贵贱之分。"

小雅又问:"为何天道是'尊天',为何人道是'卑己'呢?"

先生道:"自卑其实是一种谦虚的说法,自卑就是卑自,把自己的位置放低,抬高别人是为了尊别人。反之,过分抬高自己,会给人狂妄的感觉。卑自,是谦虚的意思,即使自己有实力,依然保持谦逊的态度,不抬高自己,不吹捧自己。姿态谦卑了,才能让别人生出好感和亲近感。无论一个人处在什么样的位置,都要保持谦卑的姿态,这样才能受人们尊敬。"

小雅点头,道:"《易经·谦卦》上说:'天道下济而光明,地道卑而上行。'先生,这句话该如何理解呢?"

先生道:"这句话的意思是说,处于尊位的人,要想着去造福四方和黎民百姓,而不是为了炫耀自我;处于下位的人,需要上行以应上位的人,或者说地气上升以应天时,这样才能长养万物,运行不息。"

同学们,"卑"这堂课讲完了,你们掌握了吗?我们下一堂课再见!

第四十课 比

甲骨文

书院的池塘里,几条金鱼悠闲地游来游去,时而穿梭于荷叶下,时而又将头部露出水面,朝鹿鸣他们游了过来。快要游到同学们近前的时候,一个摆尾,又掉转回去。

鹿鸣指着一尾肚子鼓鼓的金鱼说:"这些小金鱼中,它最活泼了。"

杜若摇头道:"我感觉最后的那条可爱。"

正当他们说得津津有味的时候,先生笑着走了过来,问道:"还没有比较出哪条更可爱吗?"

鹿鸣点头,道:"我和杜若的意见不一致,小雅保持中立。"

先生略微点点头,道:"同学们知道吗?比较的'比'的本义中,可不是这样的意思呢!"

先生的话引起了同学们的好奇,一个个在先生面前站好,准备聆听他的讲解。

发现调动起了大家的兴趣，先生随手捡起一根树枝，在地上写出了"比"的甲骨文。

鹿鸣一看，脱口而出道："它多像两个并列行走的人呀——古人造字真的非常形象。"

先生道："这是'比'的甲骨文，确实如鹿鸣说的那样，它像两个人一前一后并靠着的模样，因此在'比'的本义中，表示并列。后引申出紧靠的意思，彼此紧靠，他们的关系才更为亲近。《说文解字》上讲：'比，密也'，即亲密的意思，也指两相并列的含义，如排比、比拟等。"

鹿鸣问："先生，为什么后来有了比较、对比的含义呢？"

先生道："这个不难理解。人们慢慢有了对比之心——高矮胖瘦、丑俊美帅，又由此引申为比较、较量的含义。比如孩子刚出生的时候，父母觉得孩子哪里都好，也不会和别人比较。孩子慢慢长大，父母老拿自己的孩子和别人比较，比着比着，就发现自己的孩子没以前那么可爱，缺点越来越多了。小孩刚出生的时候，什么都没有，大家对他只有疼爱。大了之后有了说话、吃饭的能力，有了知识和学问，家长才会想要更多，本来考到年级前二十名已经很好了，可是还想前五名。说到底了，就是贪婪之心生出比较之心。比较出来的快乐是暂时的快乐，亲密的快乐才是长久的快乐——没有分别心的比。"

鹿鸣闪动着眼睛，点头道："人与人之间一旦相互比较，发现自己很多地方不如对方，多痛苦啊！"

先生笑了，道："我刚才讲，最初'比'是亲密的意思。如《易经·杂卦传》讲'比乐师忧'，这里的'比'是比卦，'师'是师卦。比卦就是讲大家在一起非常亲密的关系，师卦是讲老师相对操劳、忧心了。"

小雅问："先生，比翼双飞里的'比'，就是亲密快乐的含义；天涯若比邻中的'比'也是如此，对吗？"

先生道："小雅总结得非常到位。为什么'比'是快乐的呢？因为'比'不仅表示空间距离的近，还表示心与心的靠近，就像多年未见的好朋友，相隔万里，相见之后也依旧亲热无比，因为他们的心始终相连相通。《易经》比卦上说：'地上有水，先王以建万国，亲诸侯。'水为阴为柔，却无所不往。为君之人，能够利用水的特性，建立偌大的国家。偌大的国土需要有人镇守，于是就分封诸侯。对这些诸侯，王者使用了水的柔性、'比'的黏性从而亲近诸侯，得以上下相和，大家都因此而快乐。"

杜若问："先生，'比'，是如何从亲密的关系演变成了比较的意思呢？"

先生道："周初时，周王分封的各个诸侯都是自己的同姓兄弟，大家的关系比较亲近。随着时间的推延，血缘关系淡化，彼此之间的关系相对疏远了，由此相互攻伐，反目成仇。其根本原因就在于彼此之间的'比'。一开始大家处于同等的地位，后来慢慢发现，你的实力比我强，你的诸侯国比我富裕，心理上就慢慢失衡了，彼此开始相互纷争了。"

小雅道："先生，我是否可以这样理解：亲比，是先天状态；比较，是后天状态。人与人之间的后天差异容易产生比较心理——优越于对方就快乐，不如对方就嫉妒痛苦。比较而得来的快乐是短暂的，在遇到比自己更好的对象时，很快会失落痛苦。只有建立在亲密之下的快乐，才更为持久，才不会有嫉妒攀比的失衡心理。"

先生点头，道："确实如此！'亲比'是二合一，是一体之乐，众生一体，就是我们时下所说的'人类命运共同体'；'比较'是一分二，非要分个高下，这难免会产生纷争的局面。国与国之间相处，需要哪种状态呢？自然是亲比状态。相互包容，相互联系，相互发展，共同进步。我们个体也是如此，想要开创出一番事业，就要'亲比'我们的同事、朋友以及合作伙伴。众人拾柴火焰高，亲比的人越多，获得的成就就越大。"

说到这里，先生略微调整了一下思绪，继续道："同频才能共振，同流才能交流。《易经》中有一卦叫同人卦。同人卦后面紧接的是大有卦——有同人之心，对谁都能亲，这样的人一定能大有，故'大德必得其位，必得其禄，必得其名，必得其寿'。正所谓'同人大有'，有同人之心、亲比之念，德、禄、福、财、寿自然不请自来。"

小雅频频点头，又道："亲比是一种亲密的状态！从'比'我又联想到了'北'，'北'是否和亲比的意思完全相反？"

先生道："没错！没有比较，人与人之间和睦相处；有了比较，会让彼此的关系破裂，发展成相背的状态。由此可见，汉字是随着社会、历史演变的，是一个动态的演变过程。古人写的文章，我们为什么看不懂？因为古人写的只是当时的意思。"

小雅又提问道："先生，《论语·为政》上有句：'君子周而不比，小人比而不周。'这里出现了两个'比'，先生可以为我们讲解一下吗？"

先生道："这句话的意思是说，君子以公正之心对待天下人，从来不会徇私护短，没有预定的成见和私心；小人则不同，他们结党营私，蝇营狗苟。这句话是谈论公义和私利的分别的，这里的'周'和'比'，都有合的意思。以义合者为'周'，就是以公心为心；以利合者为'比'，就是以私利为心。君子一生都在追求真善美的圆满，只有以周为原则，才能致中和，才会达到'天地位焉，万物育焉'的境界。"

同学们，"比"这堂课讲完了，你们掌握了吗？我们下一堂课再见！

第四十一课 北

甲骨文

书院绿茵茵的草地上,先生正带着同学们一起做古文字接力游戏——只见鹿鸣和杜若背靠背站着。小雅带着笑意问:"先生,你让他俩这样做是什么意思呢?"

先生反问道:"这个动作和形状表示一个古汉字,小雅你开动脑筋想一想。"

小雅略微思索了一下回答说:"是不是'背'呢?"

先生道:"准确地说,应该是'北'。"说到这里,先生拿出了事先准备好的课件,展现在白板上面的是"北"的甲骨文。然后他用手指着说:"同学们看,甲骨文的'北'像不像两个人背靠背的样子呢?就如刚才鹿鸣和杜若那样。它的本义像两人相背之形,念'背',意思是背离之意。"

杜若问:"先生,为什么'背'用'北'来替代呢?"

先生解释说:"北,其实就是'背'的本字,后来'北'被假借成了北方的北,就在'北'下面加个'月'(肉)旁,表示乖背。《说文解字》上说:'北,乖也,从二人相背见。乖者,戾也。'戾,有违背、违反的意思,'乖'背就是相违背的意思,引申义为相背而走。因此,'二人相比为从,二人相违为北'。"

此时鹿鸣问道:"'北',有北方的意思,比如,人在坐的时候大多是面明背暗,所以'背'为南北之'北',古代天子面南背北。'北'还有败北的含义,追击逃兵必从背后,引申为军队打败仗,败走、败北。"

先生一边点头,一边问:"鹿鸣,'北'还有其他字义吗?"

鹿鸣摇头,表示自己所知道的就这么多了。

先生继续讲解道:"'北'还和伏藏有关,北方,古人也称作伏方。山的北坡背向阳光,故北方为冬。冬,终也。北方者,天之所终始也,阴阳之所会合处也。所以,冬天就是万物伏藏的状态。从天象上来看,北者,极也。古人锚定北斗星,以北极为天之中,居北方,以正四时,谓之北辰。"

小雅闪动着大眼睛,问道:"先生,伏藏是不是有休息的含义?"

先生道:"它不光指停下来休息,还有准备、蓄势待发之意。'北'音同'备',音同意也通。冬天为伏藏,因为冬天天地一片肃杀,就好像手机的电用完了,要重新充电一样,通过'充电',春天到了又可以好好地发挥了,为春天的欣欣向荣备好足够的能量。一天也可以比作四季,晚上十点后进入一天的冬季,这时，人们就需要好好休息。现在很多人喜欢熬夜，晚上没有休息好，白天身体的能量不足，长期下来身体健康自然会受到影响。"

小雅接着提问道："先生，刚才您讲北极为天之中，为天心。居北方，以正四时，谓之北辰。我想到了《论语》里面的一句话：'为政以德，譬如北辰，居其所而众星拱之。'请问先生，这句话该如何理解呢？"

先生想了一下，回答说："《论语》整本书是在教人如何学为君子。政，正也。为政者先正己，而后正人。为什么要正己呢？因为'其身正，不令而行；其身不正，虽令不从'。'为政以德'就是要求那些为政者，要正自己的德，诚己之意，正己之心。意诚而心正，让为政者的言行、政教不会偏离正道。"

鹿鸣道："我明白了，先生。为政教化之道不是从教化约束百姓开始，而是从自身做起，从君子自正出发。君子先成为榜样，他人才会去效法。"

先生点头，继续道："我们再来看'譬如北辰'这句话。为政者是效法天道而行的，故以'北辰'为譬喻，北辰即北斗星。天上众星环拱于北辰，天象才有序。'居其所'，是指知道自己的位置，且能守住自己的位置，便是'仁'。为政之君子当如北辰，不擅自妄动；为政之君子，以其成德，政教正而庶民归正。如此一来，众人自然就会拥戴这样的君王。由此可见，儒家是效法天道和天伦而成的人伦之道、人伦之学、人伦之教。"

鹿鸣他们相视一笑，先生深入浅出的讲解，总能让人思索。

先生进一步讲解说:"具体来讲,儒家的效法之道是通过效仿天伦秩序而模拟出来的一套人文秩序。古人认为天上有北极星,也就是有上帝,天下要有天子相对应;他们认为天上的北极星是恒定不动的,于是以北极星为锚,在人间则以天子为锚,天下百姓都要围绕天子来行动。天体的运行是有自己的秩序的,是不会乱的。所以按照儒家的设想,在理念状态,基于天伦而建的人伦秩序的社会是不会出现混乱的。前提是天子以德配天,天下人能拱卫天子。什么叫治呢?天下万物能正常运转,这就是治。什么是乱呢?天下万物不能正常运转,这就是乱。这便是我们经常听到的'以天文定人文,以天伦定人伦'的意思。"

同学们,"北"这堂课讲完了,你们掌握了吗?我们下一堂课再见!

第四十二课　人

甲骨文　　　　金文

鹿鸣一来到书院书屋里，就召唤小雅他们说："你们快来看，我拍的这张图片是什么？"

小雅和其他同学听到鹿鸣说有照片，就围拢在鹿鸣的平板电脑前，只见在电脑桌面上，一张高清的图片呈现在大家的面前。图片的背景是蔚蓝的天空，一朵朵悠闲的白云在空中飘荡，好似盛开的棉花。

杜若左看右看，还是看不明白其中的奥秘，就问道："鹿鸣，你让大家看什么呀？不就是一张蓝天白云的图片吗？你要想看的话，我给你拍几十张都可以。"

鹿鸣故作神秘地一笑，指着图片的左上角说："你们看这里，几片白云中间隐藏着什么图像？"

杜若瞪大眼睛，突然惊喜道："好像一条龙，真的是太神奇了。"

鹿鸣自豪地说："这是我爸爸昨天拍摄的，我感觉很神奇，所以保存下来，带给大家看。"

一旁的先生忽然问道："大家相信这个世界上有龙吗？我们又为什么被叫作'龙的传人'？想要了解这些，就跟着我学习今天的古汉字'人'吧！"

先生早就站在了同学们的身后，只是大家看图片太投入了，迟迟没有发觉。此时听到先生这样说，同学们各就各位，规规矩矩在位置上坐好。

先生快步走上讲台，寥寥两笔写出了"人"的甲骨文和金文，而后用手指着道："同学们仔细看，'人'非常好辨认，它像是一个侧立的人形向前方伸出了一只手，以此来表示人直立行走和有手的特点。'大'非常像人形，'人'是'大'的半体。从字义上看，古代'人'的用法也通'仁'。"

鹿鸣一边认真看，一边问道："先生，为什么到了金文，'人'变得弯曲起来呢？"

先生解释道："这是为了突出古人劳作的形象。我国古代是农业社会，以农立国，种桑务农自然要面朝黄土背朝天。圣人开天立人，制定历法称作开天，开天之后才有了辉煌灿烂的农业文明。因此，金文中的'人'才如此形象。"

鹿鸣点头，又问："先生，为什么人被称作'万物之灵'呢？"

先生回答说："《说文解字》上讲，人是'天地之性最为贵者也'。《礼记·礼运》上也说：'人者，其天地之德，阴阳之交，鬼神之会，五行之秀气也。'人是得天地阴阳之精气而生的，故称为万物之灵。"

小雅问："先生，为什么我们是'龙的传人'呢？"

先生道："我们先从龙的起源说起。龙起源于天上的苍龙七宿，分别为角宿、亢宿、氐宿、房宿、心宿、尾宿、箕宿，共为苍龙之体。南首北尾，角宿为龙角，尾宿为龙尾。我们的祖先在观察天文、制定历法时，为便于观测，将二十八宿分成四份，为东宫苍龙、西宫白虎、北宫玄武、南宫朱雀，它们与北斗'拴系'，再与北极对应，因地球的自转和公转，周天运行，成为观象授时的坐标体系。北斗斗柄顺时针旋转，因而具有指时功能：'斗柄东指，天下皆春；斗柄南指，天下皆夏；斗柄西指，天下皆秋；斗柄北指，天下皆冬。'天文是华夏文明的源头，而龙的源头就是在天文。社科院冯时先生在《中国天文考古学》中考证：甲骨文、金文的'龙'，全都符合苍龙七宿的连线。"

说到这里，先生为方便同学们更好地领会这段话的意思，在黑板上画出了一条惟妙惟肖的龙形图案。他的绘画水平，引得同学们一阵赞叹。

画完图形之后，先生继续讲解道："《淮南子·天文训》中说'天神之贵者，莫贵于青龙，或曰天乙，或曰太阴，太阴所居，不可背而可乡（向）'。我们华夏自古称龙族，崇拜龙，敬重龙，皇帝叫真龙天子，我们也被称作龙的传人。"

小雅又问："先生，您画的龙，是否符合古人对龙的定义呢？"

先生笑了，道："明代李时珍在《本草纲目》中，称龙'角似鹿、头似驼、眼似兔、项似蛇、腹似蜃、鳞似鲤、爪似鹰、掌似虎、耳似牛'有九似之象,具体描绘道'其背有八十一鳞,具九阳之数,其声如戛铜盘,口旁有须髯,颔下有明珠,喉下有逆鳞,头上有博山,呵气成云,能变水火'。因此龙具有蛇身、兔眼、牛耳、鹿角、猪鼻子、鹰爪、鱼鳞等优良的特质:蛇身非常灵活,兔眼可以眼观六路,牛耳听八方,身体敏感就像鱼鳞对水的感知。"

说到这里,先生突然抬高了声调,接着道:"龙的形象也是中华先祖对子孙后代的希望,希望能够达到龙一样的生命状态。赋予龙这么多美好的含义,是我们的祖先对子孙后代的殷切希望——希望我们的生命状态和能量能够达到龙的样子,龙身体里阴阳两股能量,阳代表生命的高能量状态,阴代表生命的高智慧状态。自古以来,望子成龙就是先辈对后代最高的期望。"

杜若也提问道:"先生,'二月二,龙抬头'这句话该如何理解?到了农历二月二日,龙真的抬起头了吗?"

先生道:"这是古人的一种形象说法。或者说,是对天文历法的一种深刻认识。古人观察天象,总结规律,按照季节的不同,从黄昏时分开始,春季东方苍龙七宿逐渐从地平线上升起,夏季南方朱雀七宿逐渐从地平线上升起,秋季白虎七宿逐渐从地平线上升起,冬季玄武七宿逐渐从地平线上升起,周而复始生生不息。等到农历二月的黄昏,苍龙七宿逐渐从东方的地平线上升起。苍龙抬头,阳气出地面升腾不已。草木发芽,杨柳如烟,万象更新,它告诉人们万物复苏了,所以这一天是中国的传统节日,又称'春耕节''农事节''春龙节',这时春回大地,要开始农忙了。俗语说:'二月二,龙抬头,大家小户使耕牛!'就是这个意思。"

小雅道:"先生,这条苍龙真是一条有生命的、运动的龙啊!苍龙星宿的运行位置向人们提示着春生、夏长、秋收、冬藏。夏天作物生长,龙星舒展于南方夜空;秋天庄稼收获,龙星于西方坠落;冬天万物闭藏,龙星潜伏于地平线下;春天农耕开始,龙星再次从东方'抬头',如此周而复始。令人感觉,天地自然确实无比奇妙。"

此时鹿鸣问道:"先生,我是属龙的,在十二生肖之中,为何只有龙找不到实物对照呢?"

先生笑着解释说:"古人这样做,恰恰反映了我们民族的智慧。用一个虚构的龙使人有无限的想象,如果天天看到龙,便不会有神秘感,也会慢慢对它失去兴趣,对龙的传人也不会那么自豪了。试想一下,不说我们是龙的传人,而说是牛的传人、羊的传人,大家是不是感到没有那么高大上呢?所以说,没见过的、神秘的事物更容易使人产生兴趣。就像伏羲,传说他的妈妈华胥氏是踩着雷神的脚印怀上的他,而雷神是龙的身体、人的头。本来伏羲就是圣人了,听到这样的传说,大家就更加觉得伏羲深不可测,连身世来历都神秘万分了。"

小雅也笑道:"哈哈!先生这样一说,我也想起了孔子和老子的一个故事。有一次孔子拜见老子后,夸赞说:'鸟,吾知其能飞;兽,吾知其能走。走者可以为罔,游者可以为纶,飞者可以为矢曾。至于龙，吾不能知其乘风云而上天。吾今日见老子，其犹龙邪！'孔子在这里赞美老子的深不可测就像神龙一般，见尾不见首啊！"

先生点头，他也向同学们提问道："既然我们是龙的传人，那么同学们想一想，我们要做什么样的人呢？"

鹿鸣首先回答说："我希望能够做一个顶天立地、堂堂正正的中国人。"

小雅回答道："人加一横，为'大'；上面再加一横为'天'，冲破天为'夫'，所以做人就要做大人，还要立志做夫子那样的圣贤。"

先生点头："对！做正直的人，做天人合一的大人。正如孔子所说：'夫大人者，与天地合其德，与日月合其明，与四时合其序，与鬼神合其吉凶，先天而天弗违，后天而奉天时。'这里的鬼神，鬼代表阴，神代表阳，指阴阳之道。那么我问大家，大家还要立志去做什么样的人呢？"

杜若几个面面相觑，一时之间不知该如何回答。

先生道："《黄帝内经》讲述了四种人，分别为'真人、至人、圣人、贤人'；《孔子家语》里面也列出了人的五种标准：'人有五仪：有庸人，有士人，有君子，有贤人，有圣人，审此五者，则治道毕矣。'"

小雅道："先生，可以具体给我们讲一下吗？"

先生点头，继续道："所谓庸人，指内心没有任何谨慎行事的规诫，口中说不出可奉为法度的话语，不选择贤人使自身有所依托，不力行道义使自身有所定。小事明白大事糊涂，不知道该干什么；凡事随波逐流，做事把持不住自己。这就是庸人。"

杜若轻声道："碌碌无为，胸无大志，无所事事！就是指的庸人！"

先生轻轻点头，接着道："所谓士人，指心中有坚定的信念，制订的计划坚持执行。即使不能完全精通治国的原则，也一定有所遵循；即使不能做到尽善尽美，也一定有所执守；智慧不必多，但是一定要知道所掌握的是否准确无误；不求说多，一定要知道所说的是否有理有据；事情不求做多，一定要知道所作所为是否遵循事理。自己的智慧思想已经明确，言语也已经扼要得当，做事也已经是有理有据，就像自身的性命身体一样，不可轻易改变；富贵不足以使他增加什么，贫贱也不足以让他减少什么。这样就叫作士人。杜若你再来总结一下。"

杜若想了想道："意志坚定，认准的目标不放松。"

先生道："杜若总结得很好！那么君子和贤人是指什么样的人呢？所谓君子，出言一定忠诚守信而心里无怨言；施行仁义但从不向人炫耀；思虑通达明智，但说话并不自以为是；坚定地施行所信守的道义，自强不息，好像很快就能被超过最终却很难企及。这样的人就是君子。所谓贤人，施德合乎法度，行事合乎准则；言论足以为天下表率而又不会伤及自身，其学说、主张足以教化百姓而不有损自己的本性；能使人民富有，却看不到天下有积压的财富；广施德泽，使天下不担忧贫困。这样的人就是贤人。"

鹿鸣赞叹道："君子和贤人都非常伟大！"

先生道："更伟大的是圣人。所谓圣人，德行与天地相合，统物通变，推究万物终始规律，协调万物自然本性，广布大道从而成就万物的情性；他与日月齐辉，化行天下如同神明，百姓不知道他的德行，见到他的人也识别不出他与一般人的区别，这样的人就是圣人。若能清清楚楚地分辨这五类人，那么长久治安的治国之道就明白了。"

同学们，"人"这堂课讲完了，你们掌握了吗？我们下一堂课再见！

第四十三课　仁

甲骨文

星期一清晨，微风吹拂，鸟语花香。鹿鸣他们早早就来到了书院。上周星期五，他们就发现书院里的几棵桃树上结的大鲜桃要成熟了，心里惦记着果子的同学们，自然迫不及待地想要品尝品尝鲜桃的滋味了。

王婶儿在院子里忙碌着，她身边的篮子里，已经盛满了鲜艳欲滴的桃子。鹿鸣跑上前去，兴奋地拿起一个大桃子又闻又看，说道："王婶儿，这里面也饱含着我们的汗水哦，浇水、捉虫子……"

王婶儿笑道："别急，别急，每个人都有份……我刚才已经给先生送去了一些。"

这时先生雄浑的声音响起："鹿鸣，书屋里桌子上的桃子都给你们准备好了，上完课每个人都可以品尝。"

鹿鸣赶忙和小雅他们来到书屋里坐好。

果然，讲台的桌子上放了一盘已经洗好的大桃子，叠放在一起，堆成了小金字塔模样。

先生指着盘子里的桃子，道："今天我们讲的汉字，恰好和桃子有关，同学们猜得出来吗？"

鹿鸣脱口而出："先生，是不是'桃'呢？要不就是'鲜'？或者和这两个字有关。"

先生轻轻摇头。

小雅沉思片刻，道："我猜是果仁的'仁'，果仁是鲜桃的内核，是植物繁衍的生命源泉。"

先生点头，称赞道："对，今天我们就讲一讲这个'仁'。"说到这里，先生在黑板上写下了"仁"的甲骨文，然后用手指着道："同学们仔细看，仁，由'人'和'二'组成，'二'指阴阳，而且'二'和'人'上下结构写出来是'元'的甲骨文，左右写出来是'仁'。在天为'元'，在人为'仁'。古人认为有阴阳才能生人，中国人是得阴阳之中和之气所生，所以人要行中和之道，以中为体，以和为用。"

杜若问："先生，'元'是'仁'的另外一体，对吗？"

先生点头："是的。'元'为二人，'仁'也为二人。'元'是天地之大德，因此说'元者善之长也，仁者德之首也'。'仁'，在天为天元，乾元坤元的统一，即太极，为万物之始，主生万物者。'仁'，在人为人元，为阴和阳的统一，为人极。'仁'从'人'开始，人为万物之灵。"

小雅道："我记得先生讲过，'元'的'二'，在古文字形中是'上',对不对呢?"

先生道:"没错!《易经·乾文言》上说:'本乎天者亲上。''元'表达的意义是,上天为万物之始,而万物以人为尊。"

杜若也问:"先生,刚才说'仁'中的'二',指阴阳,除此之外,它还表示什么意思呢?"

先生道:"'二'还表示天地。人在'二'的中间,这才是真正的仁。上面一横为天,下面一横为地,中间为人,天、地、人被称为三才之道,人处于天地之间,仁者也是通天达地的人。仁者天地心,仁道是人道、天道、地道的圆满统一。因为人在天地之间,为三才之中,所以人要践行的是中道,这个中就是中庸之中。仁者的做法是'执其两端,用其中于民'。"

鹿鸣惊叹道:"想不到'仁'竟然有这样深厚的内涵,先生的讲解令人茅塞顿开。"

先生笑着说:"我也向同学们提一个问题,大家说一说'仁'的字义都有哪些?"

小雅思索了一下,回答说:"仁有爱的含义,庄子说'爱人利物之谓仁'。仁者爱人,不管是亲民,还是爱人,都是一种上对下的亲。"

杜若道:"仁,还可以指果仁,它也是果核中生命的源泉,是植物的精华部分。"

鹿鸣也补充道:"我还知道'仁'有亲近的意思。"

先生频频点头,总结说:"同学们都动了脑筋。《说文解字》上说:'仁,亲也。'右边的'二'是甲骨文中的'上',所以《礼记》

说：'上下相亲谓之仁。'是指君王对百姓亲，施行仁政。下对上不是'仁'，是忠或敬。后来'仁'引申为人与人之间的亲。孟子说'亲亲而爱民'，为什么不是'亲亲而爱人'呢？这是因为'人'和'民'不一样，民最早指的是被刺瞎的奴隶，后来指普通百姓，而'人'表示的是贵族、士人。'仁'不是人对人的亲，而是人对民的亲。由此可见，'仁'是人伦的体现，君君、臣臣、父父、子子，各行其道——君施仁道，臣行忠道，父施慈道，子行孝道。"

刚讲到这里，盘子里最顶端的一颗桃子滑落了下来。先生眼疾手快，将滚落到桌子上的桃子重新放好，继续道："桃子都'急不可耐'了。刚才杜若说，果仁是植物的精华。果实的种子为'仁'，人的'种子'也为'仁'，仁也是人德的精华，人吸收天地之精华，所以说'仁'是人的精华品质。除此之外，'仁'还有相亲之义。《荀子·君子》篇曰：'仁者，仁此者也。人能尽为人之道，斯谓之仁，故因而重之以见义。''仁'在这里有义，因此引申为相亲之义。在一些古文中，'仁'也常写作'忎'（忎）。这是从爱人、泛爱众的角度说仁。徐锴《说文系传·通论上》说：'古文千心为仁，唯仁者能服众心也。'"

小雅道："先生，'仁'和'人'，'仁'和'忍'之间，有什么关系呢？"

先生解释道："'仁，人也。'古人认为，人生于天地之间，乃阴阳二气化生之精气，所以'仁'更能体现出'人'出现的过程；至于'人'和'忍'，能忍常人所不能忍的事情，便是'仁'人的特质了。"

小雅点头，又问道："先生，'仁'和'孝'之间的关系是什么？"

先生道："上对下的关系为仁，如王对民，上级对下级；下对上的关系为孝，如孩子孝顺父母。孝的思想基础，就是这种下对上的敬爱。仁的思想基础，则是上对下的仁爱。有了上和下，那么中间的关系用什么字表示呢？这就是'比'。左右关系为'比'，为同级关系，如同事、同学、朋友等。"

小雅思维灵活，她提出了一个非常有意思的问题："先生，'仁'，右边是'二'，孔子说：'吾道一以贯之。'这里的'一'又是什么呢？"

先生道："这句话是孔子询问弟子曾参的话语。后来其他同门师兄弟也询问曾参这句话的意思，曾参的回答是'忠和恕'。圣人问的是'一'，但曾参回答的是'忠和恕'两方面，也就是'二'。其实这里的'一以贯之'不是忠和恕，而是仁。仁不是平等，不需要比较。比如一个球队里的前锋和后卫需要争个平等吗？没有必要，只需各司其职、各尽其事就行了。"

杜若问："先生，为什么'仁'就能将道'一以贯之'了呢？"

先生道："夫子讲的道，主要是讲人事、人道、人伦，而'仁'为人的元德，只要是关于人的事，'仁'就是不变的标准。君臣的关系、夫子的关系，都应该遵循'仁'道，每个人都清楚了自己的位置，礼制才不会乱，社会秩序才能安定平稳。这也是'各司其职、各守其位'的含义。举一个例子，天上的星星，都有自己固定的位置，这样固定的位置形成了宇宙间的平衡，位置错乱了就会有灭顶之灾，这就是天伦——天的秩序。人伦亦如此，天上的星星有三公九卿、左辅右弼，地上也是大家各司其职，才能治理好国家。"

小雅问："先生，古人的仁道，表现形式是什么呢？"

先生道："仁道的表现形式就是礼乐文明。子曰：'人而不仁，如礼何？人而不仁，如乐何？'因此说，'仁'是人伦，是秩序，这些是礼，礼谓之正道，人伦和秩序的目的是让大家和睦相处，社会和谐安定。这又是乐所体现出来的'和'，礼乐文明的核心就是'正和'。由此可见，古人认为礼乐的功用，在于与天地保持着和谐，在于与天地一样节制万物。乐和礼各自发挥着'和合与节制'的功用，从而使天下和谐，万物各自遵循本性，生和却不相害，有秩序却包罗万象。不管是礼还是乐脱离了天地，都会犯以偏概全的毛病。我们只谈人道，就会不自觉地进入道的自私之中，而天道则是无私的。"

小雅道："我们明白了，天地万物之情，才是仁道所追求的极致。"

先生道："对！礼乐文明是仁道的表现形式，它们互为表里，缺一不可。礼是规矩，是方的；乐是自由，是圆的。方，约束人；圆，感化人。合是自由的，节是秩序的，自由和秩序共举，才能真正践行仁道的精神。"

同学们，"仁"这堂课讲完了，你们掌握了吗？我们下一堂课再见！

第四十四课　为

甲骨文

书屋里，先生站在三尺讲台上，提问道："同学们，谁会背诵梁启超的《少年中国说》呢？"

鹿鸣抢先道："先生，这个我会！'故今日之责任，不在他人，而全在我少年。少年智则国智，少年富则国富；少年强则国强，少年独立则国独立；少年自由则国自由；少年进步则国进步……'"

先生满意地点点头，说道："为什么我先让大家背诵这样一段呢？因为这和我们马上要讲述的汉字有关。"

先生说着，转身在黑板上写下了"为"的甲骨文。

鹿鸣目不转睛地看着，疑惑道："这是个什么字呢？一只手牵着一头大象？是'豫'吗？"

小雅、杜若几个面面相觑。

先生解释道："这是'为',它的甲骨文抽象了一些,所以我再画一幅图辅助说明。大家看,'为'表示的是一只手牵着一头大象,将充满野性的大象驯服。"

鹿鸣发出惊叹声："这个难度也太大了吧?我见过驯猴子、驯马……大象身躯庞大,很难制服的。为何古人要选择难度较大的象加以驯化呢?"

杜若说："这个我知道!远古时期,黄河流域是中华文明的重要发源地,而中华文明的内核是农业文明,老百姓为了从事农业生产,就开始驯化大象为自己所用。"

先生补充说："确实如此!古人选择大象,一方面为了农业生产;另一方面,能够驯服大象这么大的动物,是不是也表示他是一个非常有能耐的人呢?比如舜,就能驱使大象耕田,人们敬仰他是一个有本领、有作为的人。古人造字时,就添加了大象进去,以此来表示对方是一个有作为的人。其实'象''像'是古今字。'象'者,像也。殷商时期黄河流域有大象,后来因气候等原因已经很少见到大象了,只能看到大象的骨头,于是古人按照大象的骨骼去想象,画出大象的样子,这个就是想象。先有大象才能想象,想象之后才能抽象,从具体的大象到抽象的象,这就是中国人的象性思维。"

鹿鸣恍然大悟,道："先生这样一讲,我们都明白了!在那个时代驯服一头大象,就和现在华为掌握5G核心科技一样,难度大、水平高,更显得难能可贵,令人钦佩。"

鹿鸣恰当的比喻引得同学们发出会意的笑声。

先生也轻笑着说:"《说文解字》上说:'为,治也。'治理、处理的含义,引申为为人、为事的意思,将事情做成功。"

杜若提问道:"先生,您经常给我们讲老子的无为思想,如何理解有为和无为呢?"

先生道:"杜若的问题是我们今天课程的难点。《道德经》里面说:'为学日益,为道日损。损之又损,以至于无为,无为而无不为',这里是说要把握好有为和无为的临界点。无为和有为分别针对做事和做人而言,无为是做事无为,但是做人还要有为,也就是修身。修身要天天修、日日修,修身就是修德,自己的德修好了,就会不为而成。所谓'其身正,不令而行;其身不正,虽令不从',就是自然而然、无为而成的意思。"

同学们一动不动地认真听着。

先生继续道:"打一个比方,上到国家的君主,下到公司的领导人,要想做出一番成就来,最重要的不是事无巨细、事必躬亲,这样会损耗很多精力和时间。这里面又涉及'为道日损'的问题,损掉什么呢?就是损掉自己的欲望,'是以圣人去甚去奢'。无欲则刚,让自己清静无为下来,才能更好地看清楚事情的本质,把握住有为的关键所在。"

先生说到这里,喝口水润润嗓子继续道:"我们再来看'道常无为,而无不为。道生万物,道既生之,德畜之,生而不有,为而不恃,这句话,这里'无不为'的意思,指的是道运化万物,任万物自然生长,虽是不言之教,却无所不生、无所不化、无所不成。万物本身就是自然的存在。因此'无为'是对道来说的。那什么是德呢？德就是按照'道'去行动，符合'道'就是'德'了，所以'有为'是对德而言的。简言之，自然的东西，是不会因你用力或者不用力而改变的。反之，'有为'则是需要依靠自己的努力，人为地去干预。"

杜若接着提问道："先生，老子提倡无为，孔子提倡有为，我们究竟应该遵循什么呢？"

先生回答说："一句话，当无为则无为，当有为则有为。我举例说明，为什么舜帝要派大禹去治水呢？因为黄河泛滥，民众生命财产受到了严重的威胁，此时还能遵循老子无为而治、顺其自然的思想吗？显然不能。因此说，无为、有为讲得都有理，只是客观条件和具体对象不同，处理的方式也就不同。无为就是按照道家的理论，任由其自然发展；但是人之所以为人，是因为人有情，在理之上还有情，如果舜帝不治水，这个确实是合乎'无为之理'；然而舜帝有情，不愿看到百姓受灾受苦，所以才'有为'地治水，这就是孔子所说的'明知不可为而为之'的道理。"

鹿鸣激动地说："就像新冠肺炎疫情，我们国家举全国之力应对，这个我认为就是有为，是出自对百姓、对生命的深情。中华难生今已生，庆幸我们能够生长在华夏这片热土上。"

小雅也感同身受，提问道："先生，我们个体，如何才能有所作为呢？"

先生正色道："其实，'为'本身就包含了如何作为的密码？

为（wéi）是结果，为（wèi）才是过程、是通道、是方法。具体来讲，'为'就是为谁、为何的意思，显然这是动机、是发心，做任何事情，起心动念往往决定了最终的结果。发心决定能量，能量决定智慧。能量大，在遇到困难挫折时就能够勇往直前；能量弱，遇到坎坷波折时就会犹豫退缩，无法获得结果。同理，智慧高，人们就会采取更好的方式，更能看清楚事物发展的方向和本质。因此说，这三者决定了一个人能不能有所作为，能不能有所成就。"

小雅跟着问道："为什么发心大，人们的能量就高呢？"

先生道："为的人少，就只有小作为或者不作为；为的人多，必然会有大作为。为自己过好私人生活和为别人请命是不一样的，这就是发心的力量。举例来说，为十个人请命和为十亿人请命，性质会完全一样吗？发心为十个人，只有十个人的能量；发心为十亿人，就会有十亿人的能量。再比如，我们国家的宗旨是'为人民服务'，十四亿同胞围绕在这一目标宗旨之下，遇到困难时，我们就会万众一心，共克时艰。"

小雅道："先生的话，让我想到了宋代张载的名言：'为天地立心，为生民立命，为往圣继绝学，为万世开太平。'这四句名言深深影响了宋朝以后的士人。"

先生点头，道："小雅说得非常好。为什么张载能有这样的发心呢？因为北宋时期有一个读书人的榜样，他就是'先天下之忧而忧，后天下之乐而乐'的范仲淹，他是那个时代的天地心，就像灯塔一样照亮了所有读书人的内心，很多读书人都以他为榜样，这也成就了宋朝文化的辉煌。由此可见，我们古代的士人教育，从来不是狭隘教育学子为自己打算，而是以天下苍生为念。因为有这样的格局和高度，才成就了我们中华文化的灿烂辉煌。反思一下我们现在，如果我们仅仅是为了自己的前途打算，是不是显得渺小了很多呢？"

杜若激动地说："先生，现在我明白了华为为什么能够取得如此大的辉煌，因为华为代表的是'中华有为'！"

先生点头："我们现在的青少年就应当以张载、范仲淹为学习榜样，不光为自己过好生活，还要为他人请命、为国家请命，时刻提醒自己要成为有为少年、有为青年，为实现中华民族的伟大复兴而奋斗。"

同学们，"为"这堂课讲完了，你们掌握了吗？我们下一堂课再见！

第四十五课 富

甲骨文

伴随清晨和爽的微风,鹿鸣他们和先生一起,来到了位于市中心的艺术馆里。

这几天,艺术馆正在举办书画展。先生早就告诉鹿鸣他们,说是要带着大家来艺术馆参观。因此一大早,同学们怀着激动和兴奋的心情,在先生的带领下,进入了艺术馆。

宽敞明亮、干净整洁的大厅里面,挂满了名家的诗词字画。鹿鸣一面走一面赞叹说:"今天真令人大开眼界,充分感受到了文化艺术之美。"

杜若也道:"这一段时间跟着先生学习古汉字,让我对汉字有了更深刻的认识,这里面的书画条幅,有金文,有篆文,你们看,还有用甲骨文书写的呢!有的力透纸背,有的古朴秀雅,有的大巧似拙。"

先生带领同学们参观艺术馆的书画展

说话间,他们来到了一幅书法前,鹿鸣抬头看去,在一张宣纸上,一个圆润的甲骨文字呈现在了他们的面前。鹿鸣左看右看,一时认不出这是什么字,不由得不好意思地询问先生:"先生,这是什么字呢?"

先生抬头审视了一下,回答道:"这是'富',同学们仔细看'富'里面的'畐',好似装满谷物的粮仓,又像是装满美酒的酒罐,也似人腹满之形,如富态。上面的'宀'字形,和房屋宫室有关。"

小雅笑道:"'富'真有趣,合起来表示满仓的粮食或满缸的美酒。家里面有充足的粮食和美酒,自然是生活宽裕的标志。"

先生点头,道:"'富',含义也非常丰富。《说文解字》上解释说:'富,备也。'由此可见,'富'指将需要的物资准备充分,预存充足,这样的家族或家庭,自然是衣食富足了。所以东晋训诂学家韩康伯也说:'广大悉备,故曰富有。'全面周到的物资准备,以备不时之需。'富'还有财货厚实的含义,《说文解字》又说:'一曰,厚也。'这里的'富',不仅指衣食丰富,还指财货厚实,可以滋养后代。故《玉篇》上称:'富,丰于财。'当然,'富'的延伸义,也有满的意思。"

小雅问:"先生,'富'和'福'之间有联系吗?"

先生道:"当然有了。'富'音同'福','富'指人经营后的财货富足;'福'是人的行为符合天道,天地自然给予的福泽眷顾。《大学》曰:'富润屋,德润身',它的意思是说,人们付出智慧精力,换取的财物就称为富。富具有现时性,付出就有回报。想要获取'福'难度就大一些。如何才能符合天道呢？有德才有福。"

杜若频频点头，笑着问道："先生，如何才能获得财富呢？"

先生道："古人云：'仁者以财发身，不仁者以身发财。'这里的发身指修身，人一生都是在修身，赚钱不是为了贪图享受，不是为了一己之私，而是为了更好地修身。修身即修德，用钱去为德服务，去为他人服务，而不是只为自己服务。做到这一点，在为他人服务的过程中，财富会自然而然向你流动。"

鹿鸣他们静静地听着，身边喧嚣的环境也影响不到他们。

先生继续道："发，蓄势待发，就像水流动一样，财富经由你才得以流动。区别是，仁者通过将财富流向自己，让自己更好地修身，然后再流向有更大用处的地方。中了彩票后，为何有人很快挥霍掉，因为这种财富只是为自己服务，只是小用。只有流向别人，去为社会创造更大的价值，才称得上大用、广用。"

小雅问："先生，您刚才讲了'富，备也'，可以再为我们讲解一下吗？"

先生道："这里的备，不仅包含钱财为我们现阶段所用，它还指为我们的将来预留好钱和物等——任何时候都要有忧患意识，要有备无患，为长远做打算。"

鹿鸣点头，说道："我们中国人就喜欢蓄备，所以有财富。"

先生点头，道："富就是备，备一部分，然后让剩下的财富通过你去流动——无论是消费、投资还是做慈善，总之要让它流动起来。当财富流动之后,能真正实现财富的价值。"

小雅问道:"先生,'富'和'贵'又该如何理解呢?"

先生整理了一下思绪,接着讲道:"有钱为富,有土为贵。所以我们看到贵的下面是'贝',宝贝的含义,家里有传家宝才为贵。而家里最好的宝贝是什么呢?"

杜若这次反应迅速,脱口而出:"是人。"

先生满意地点头:"杜若的回答非常正确。一个家庭最大的宝贝是人。所以说一个家庭要培养出读书人,耕读传家就是能够培养出优秀的下一代。"

小雅提问道:"古人常说'富有之谓大业',这里的大业,该如何理解?"

先生解释道:"手里有钱,只是暂时性的,富有才是大业。大业就是大有,不但现在可以有,将来还能有。富有,不仅仅指钱的多少,智慧、地位、德行这些都是隐形的财富。人们常说'富不过三代',指的是钱财的继承不过三代而已,而德行的富足是可以跨越千年的。北宋名臣范仲淹,尽管没有给后代留下多少财物,然而他的子孙里面出了400多名进士,80多位状元;孔子也是如此,深深影响了中国2500多年,这些才是真正的富有。"

这时一名参观者也驻足倾听,不由得插嘴道:"社会主义核心价值观以'富'打头:富强、民主、文明、和谐!先生的讲解,让我豁然开朗。"

先生礼貌地向对方报以微笑,补充道:"'富'是一切大业之前提。回首过往,一百多年前我中华积贫积弱,屡受凌辱,生灵涂炭,我中华几千年文明也备受国人的怀疑和摒弃。原因可以追溯至北宋,中华文化经过北宋大繁荣之后盛极而渐衰!东汉时期的郑玄在注《礼记》时就告诫说:'富之言备也,备而已,勿多于礼也!'北宋经济大'富'后必生变,加上重文轻武,不用'富'做'强'就会被别人因富而觊觎,影响后世造成深重灾难。"

说到这里,先生扫视了一眼身边越围越多的听众说:"几千年的中华文明一直薪火相传,圣人'备物致用,立象成器,以为天下利',通过几千年的积累已达到了'百姓日用而不知'的地步。经过一百多年苦难的中国人,短短三十年,在新中国领导人的领导下,已令自己的祖国脱贫致富,成为世界第二大经济体,富强之富的目标已然完成!"

先生的一番话语,引来了大家的一片掌声。

同学们,"富"这堂课讲完了,你们掌握了吗?我们下一堂课再见!

第四十六课 强

 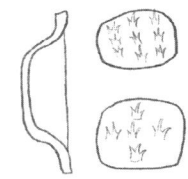

甲骨文

讲解完了"富",先生又领着同学们继续向前走,来到了"强"面前。先生用手指着道:"我们再来讲一讲'强'。同学们知道吗?'强'其实是一种虫,属于蝇类;'强',其实是彊。'彊'后面的'畺'为田界,是两块田比邻之状。因强最初与弓有关,所以加'弓'旁而组成'彊',后又用'强'假借。"

小雅道:"先生,'彊'的本义和弓有关,对吗?"

先生道:"是的!《说文解字》上讲:'彊,弓有力也',其实指的是硬弓。弓箭出现了之后,古人发现弓箭的射程远,制胜的把握更大。只有硬弓才能射出更粗、更尖锐的长箭,杀伤力更大,因此有了强弱之别。'强'对弱而言,'强'有比较的意思在内,把人打倒、比下去即为强。战国时期各诸侯国之间的弱肉强食就是弓的演进史:全副武装弓箭的魏武卒率先崛起,后来秦国改良弓弩成机括，组建了最强大的军队最终吞并六国，可谓'弓'不可没。既然强弱以弓而言，其本义多指武力，引申为军队，所谓'国富兵强'就是此义。国家富有了，还要有强有力的军队才能保护自己的领土和保护百姓不受欺负。"

鹿鸣问："先生，现在早已不用弓了。"

先生笑道："这要看你如何理解了！自古及今，强国成了各国励精图治的展望和愿景，虽然所运用的武器早就不是那把简单的'弓'了。毛主席说'枪杆子才是硬道理'，正和古语'要有硬弓才能强'的道理是内在相通的！经过努力，我们的'弓'可列世界一流：东风-41、长剑-100、无侦-8……让世人瞩目，让世界惊叹！"

杜若道："强大是好，但不能恃强凌弱，强横无礼。"

先生赞许地点头道："确实如此！中国人的智慧，让我们知道万事必有其两面性，故先哲早就指出，'强'通'僵'，过于强横反而僵硬。古往今来，任何强国，凡是用武力倚强凌弱，去弱肉强食，最终都会让自身矛盾重重，危机四伏。我们要感谢先哲们博大精深的智慧，他们所创造的汉字不知饱含了古人多少深刻的经验认知。多读中华经典，多识汉字，运用古人智慧，做到'强立而不返'，以至生生不息！"

小雅思索着说："先生，强，也有多种含义，比如霸道的强，就是低层次的强。"

先生解释道："是的！用武力争强的是霸道，如春秋五霸；反之，自己强大却不欺凌弱小，反而带领大家一起强大，共建人类命运共同体，这才是更高层面的强。当年周文王在岐山施行王道，百姓和睦，以至更多的人追随文王，这就是德化的影响。社会主义核心价值观第一条就是富强，富强的核心就是国富兵强。富是有充足的钱财、物资的储备，为可持续发展打下坚实基础；强，一定要军队强大，武器先进。强大不是为了争霸，而是有实力去保护自己国家的人民。所以，国家的富强是第一要务，才能引来恢宏的盛世局面。"

这时，先生身旁的一位听众问道："对个体的我们来说，应该如何强大起来呢？"

先生道："强大自己，就是要强大自己的智慧和心智，只有这样才能使我们个体从物质层面上升到精神层面，人活一世，总要有更高的精神追求！《易经》乾卦上讲：'天行健，君子以自强不息。'先哲教导我们，'君子以自强不息'才能'六位时成'。目前来说，我们国家从最前沿的武器装备，到信息、网络等后端的科技实力都不容忽视；无论是万物互联的 5G 网络还是北斗 55 颗卫星组网成功，都是我中华儿女自强不息的表现。"

先生讲完后，鹿鸣高兴地说："今天的课太充实而有意义了！"

同学们，"强"这堂课讲完了，你们掌握了吗？我们下一堂课再见！

第四十七课 民

甲骨文　　　篆文

快到上课时间，鹿鸣还在不停地打着哈欠。杜若笑着问他："怎么了鹿鸣，昨晚没休息好吗？"

鹿鸣神思疲倦地说："昨天家里来了客人，聊了很多有趣的话题。估计是大脑兴奋的缘故，在床上闭着眼睛，翻来覆去就是睡不着。天快亮的时候，才迷迷糊糊睡了一小会儿。"

杜若点头："有时我也会这样，想睡睡不着，第二天就会出现精神不好的状况。"

小雅也接口说："睡眠质量很重要，只有真正地入眠，才有好的睡眠效果，浅睡肯定效果不佳。"

"入眠和浅睡有区别吗？"鹿鸣和杜若几乎是异口同声地问道。

"当然有了！"不等小雅回答，快步走进书屋里的先生接过了话题。

鹿鸣他们赶忙打招呼："先生好！"

先生一边示意大家坐好，一边接着道："区分睡和眠其实很简单！睡，虽然人也躺着入睡，但思维一直处于迷迷糊糊中，意识活动存在，外面有什么动静都能感知到，是浅睡状态；眠，比睡的程度要深得多，真正入眠了会睡得非常香甜。人们常说睡眠质量不好，是因为没有真正入眠。睡是闭目养神，养神就是不让神动；而眠才是我们现在讲的深度睡眠。"

鹿鸣频频点头："先生说的情况和我昨晚太相似了，缺乏深度睡眠，确实没精神！"

先生笑了，对鹿鸣说："提一个能振作你精神的问题。从字形上看，睡和眠有什么相同点呢？"

鹿鸣听到先生问自己，忙打起精神、快速转动脑筋，随后回答说："相同点嘛，就是它们都带有'目'。"

先生在鹿鸣回答问题的时候，已经在黑板上写下了"民"的甲骨文和篆文。

杜若问道："先生，这是一个什么字呢？看着和眼睛有关。"

鹿鸣也道："是呀，怎么眼睛上还插着一枚箭头呢？"

先生解释道："这是'民'。甲骨文中的'民'，是一个人被刺中左眼的形状，表示是战俘、奴隶的身份；篆文中的'民'像'氏'，族氏为根，国民为本。同学们可以认真想一想，'民'的字形为什么会这样演变呢？"

小雅思考了片刻，先回答说："那时候的奴隶很多都是部落与部落之间在争斗时被俘虏的人。因此古人在造字的时候，就用利物刺伤眼睛的样子来表示战俘、奴隶的身份；后来随着社会的发展，人越来越成为最大、最有用的资产，统治者自然希望生育越多的人，因此此时的'民'就和'氏'很相似了，表示繁衍生息的含义。"

先生点头，总结说："小雅的回答，基本上抓住了要领。一开始，'民'指身份低下的战俘、奴隶，春秋战国时部分书籍中'民'为'盲'，'岷'为'民'也是这样而来；后来逐渐演变为'氏'的模样。许慎在《说文解字》中说：'民，众萌也。'这里既指'民'如草萌芽般生长众多，也指'民'如草般轻。"

杜若问："先生，如果说古代的'民'地位低下，我们该如何理解《孟子》中'民为贵，社稷次之，君为轻'这句话呢？"

先生解释说："古代的民众为君之财产。战国时期就以多少户'民'来区分大小国的实力。后来人们意识到，民众数量越大，越是社会稳定和发展的基石。民心所向，即为天道，需要保护。"

鹿鸣提问道："古代的民众身份地位低，是不是和自身的财富有关呢？有钱的富人是不是就能摆脱民的身份呢？"

先生道："当然不是！古时候，民分四等：士、农、工、商。此时的民和官相对，为庶民，相当于现在的百姓。官，管也，帮助君主管理事务的人为官，古代贵族子弟会被封个职位，即便只是闲职，这样是官而不是民了。贵族子弟考不上功名，也要想尽办法买个官，否则再富也是民。"

小雅又问："先生，说到'民'，古代社会存在民主吗？"

先生回答道："中国的君主制中的民主就是科举制，只要能一级级通过考试，就能褪'民'成官。直到新中国才对'民'赋予了所有的民主！"

　　同学们，"民"这堂课讲完了，你们掌握了吗？我们下一堂课再见！

第四十八课 主

甲骨文

杜若一进入书屋,同学们便纷纷围拢上来。鹿鸣和小雅发现杜若今天打扮得格外漂亮,她穿着一件粉色的碎花裙子,配上精美的发卡,举手投足之间,散发出一股优雅的气息。

小雅不由得赞叹说:"杜若,你今天实在是太好看了,像童话里面的公主。"

鹿鸣也附和道:"还是一个爱学习的小公主呢!"

在同学们的笑声中,先生步入书屋,他笑着接口道:"'云想衣裳花想容,春风拂槛露华浓。'今天的杜若,可收获了不少赞美啊!"

一句话将杜若说得不好意思地红了脸庞。

先生提问道:"同学们想一想,为什么现在人们在称赞女子时,常常用'公主'这个词语呢?"

鹿鸣想了想道:"是不是称赞对方身份或精神高贵呢?"

先生笑着摇头:"这是一个方面,但还不太完整。今天我们学'主',学习过之后,大家自然就都会明白。"说着,先生转身在黑板上写下了"主"的甲骨文,原来是一间屋子里,燃烧着一盏烛火。

鹿鸣认真地看着,对小雅问道:"房子里面有一盏燃烧着的烛台,这和'主'之间有什么关联呢?"

先生指着"主"的甲骨文解释道:"'主'的甲骨文就是一个烛台,里面是燃烧火焰的灯芯。所以'主'的本义是'炷',后假借为'主',另加'火'旁为'炷'。为什么会这样演变呢?远古时候的人们将火种视为非常宝贵的事物,只有一族之长才有资格去保管,这样一来,'主'就成了领袖人物的代称,后来引申为君主、主人的含义。"

小雅道:"先生,古代的典籍上面多有'家主'的说法,这里的家主,是指权力或财物的所有者吗?"

先生回答说:"是的!'主'指的是家庭的首脑。在古代社会,油灯一般在室内使用,因此就用'主'来表示家庭或家族中的领导者是在黑暗中给人带去光明的那一类人。除此之外,'主'还有木主、神主等含义。即从家庭的主人引申到号召人、领导人。周武王在伐纣的时候,召集各路诸侯齐聚牧野大地,以文王为'木主'。武王为什么要这样做呢?因为武王感觉自己的力量、德行还不够,因此他把父亲文王抬出来,在木头上雕刻了文王的神像,和大军一起出发,称之为'木主'。由此可见,武王伐纣，做事的是武王，做'主'的却是文王！"

小雅又问："先生，'主'是家庭或团体的主要领导者，那么'主'与'神''帝''宗'之间，有什么区别呢？"

先生解释说："古人认为，'神'为自然之神，'帝'为孵化万物之帝，'宗'强调的是血脉传承，人要进入宗庙受享祭祀才能称为宗。而'主'是人类的一员，不像'神''帝'那样稀缺，强调的是现在，是当下的主人，不像'宗'指过去的人，去世之后才能称作'宗'。"

鹿鸣点头说："公主的'主'，又该怎么去理解呢？"

先生笑着道："鹿鸣还没有忘记这个问题呀！我们刚才讲到'主'为中间的火炷，这样小小的火苗不同于白天的太阳，也不同于熊熊的篝火，它需要小心守护，因此古时称皇家的女孩为'公主'，公主就是集千般宠爱于一身者。是不是呢，杜若？"

先生的话语让大家发出了快乐的笑声。

杜若此时也提问道："先生，《论语·学而》中有这样一句话：'(君子)主忠信，无友不如己者，过则勿惮改。'该如何理解呢？"

先生道："这句话的意思是说，君子为人处世一切都要以忠信为本，要和自己相同甚至高于自己的人为友，犯了错误也不要怕改正。这里的'主'是核心、最根本的存在，君子必以忠信为根本，为自己的身心之主；心之所思必由忠信，身之所行必由忠信。不主忠信的人，一定不是君子。'无友'就是'毋友'，'无''毋'相通，前面的课堂说过：'同门曰朋，同志曰友'，相同志趣的才为友。君子交友，不是通过朋友谋取私利，而是为了修身行道，要和自己相同甚至高于自己的人为友，只有以志向、境界、格局比自己高的人为友，才能更好地修身。"

望着下面认真听讲的同学们，先生提高声音继续讲道："我们再来看'过则勿惮改'这句，这里的'惮'，是畏惧、艰难的意思。君子学道主要是效仿圣贤，有过错、过失能改，就可以向圣贤靠齐；反之，有过却畏难，不能更改，就达不到向圣贤看齐的标准。孔子的这句话其实讲的是修身之道的三个方面：一是'主忠信'；二是'无友不如己'；三是'过则勿惮改'。"

同学们，"主"这堂课讲完了，你们掌握了吗？我们下一堂课再见！

第四十九课 生

甲骨文

金文

书院的一角，一场小雨过后，浸润了雨水和泥土营养的南瓜种子悄然破土而出。绿中带黄的叶子努力向上生长，随微风轻轻抖动，享受着清晨和煦阳光的抚摸。

先生拿着小铲子，轻轻为每一棵嫩苗松土、施肥。鹿鸣一边模仿着先生的动作忙碌着，一边说："小苗苗松松土，浇浇水，再晒一晒阳光浴。到了秋天，我们就可以品尝到又甜又面的大南瓜了……南瓜蒸着吃味道最好！"

杜若打趣说："你呀，快赶上一个小小美食家了。"

在同学们齐心合力的劳作下，很快便完成了这场"特殊"的劳动课。先生从蹲着的地上站起身来，略微活动了一下四肢，问道："今天带大家参加这场劳动课，是因为我们今天讲述的汉字和这有关系。"

鹿鸣不假思索地说："是'南'，还是'瓜'？要么是'苗'，肯定是其中一个。"

先生望着鹿鸣一脸自信的模样,不由得微微一笑,他随手放出今天的课件。一张白板上,一个古拙象形的汉字呈现在了同学们的面前。

鹿鸣睁大眼睛,自言自语道:"这是一株充满勃勃生机的嫩苗,先生,今天您究竟要讲什么汉字呢?"

先生像是打哑谜一般,提示鹿鸣:"你刚才这句话语里面,其实已经含有了这个字,再好好想一想。"

小雅灵光一闪,脱口而出:"先生,是'生',对吗?"

先生赞赏地点头,道:"对!这一节汉字课,我们就来重点认识一下'生'这个字。同学们看,'生'甲骨文的字形像地面上长出的一株嫩苗,下部像土,上部像出,表示新芽破土而出的含义,因此'生'的本义,是生长、长出的意思;'生'的金文,下部的土已经成型了,上部像出,基本上和它的甲骨文没有太大的区别。从字形上看,它的左边为阴、右边为阳——独阴不生,独阳不生,阴阳相融才能茁壮成长;从结构上看,草木出土,因此它有生产、生出、生长、生育等含义。简言之,从无到有的过程,称为生,即发育、进展的意思。"

小雅听到这里,说道:"先生,我想到一个有趣的问题,'生'有生育的含义,加一个'女'旁为'姓',这大约是姓氏的来源吧?"

先生解释道:"'生'的含义非常广,古人在造字的时候,将自我的智慧融入其中。既然谈到姓氏的来源,我需要讲一些这方面的知识。'生',性也,'生'加'忄'旁为性,'生'是性命之性的初文;姓者,人所生也,生加'女'旁为姓。《左传·隐公八年》上讲:'天子建德,因生以赐姓,胙之土而命之氏。'因生以赐姓,所以'女''生'合在一起为姓,带'女'旁的才是姓,不带'女'旁的都为氏。"

鹿鸣好奇地问:"先生,'姓'和'氏'之间有什么区别吗?"

先生道:"当然有区别了。姓氏,在古代是分开讲的。'姓'是母系社会的产物,而'氏'是父系社会的产物,'姓'别婚姻,'氏'分贵贱;在古代,同姓是不能通婚的;秦汉以来,姓氏合而为一。有以姓为氏,如姬、姜、姒、姚;有以国名为氏,如宋、郑、吴、卫、韩、赵、魏、燕、陈、蔡;有以居住地为氏,如东郭、南郭;有以官职为氏,如司马;有以职业为氏,如姓巫的始祖是巫师,姓屠的一听就知道祖先是屠夫,姓陶的祖先是做陶器的。姓氏文化很重要,知道自己姓的来源,能上溯我们的传承来源,能明白我们的来处——不管什么时候,不管我们置身何处,都不会忘记是从哪里来的。"

小雅认真地听着先生的讲解,又问道:"先生,《易经·系辞传》中说:'生生之谓易。'这句话该如何理解呢?"

先生解释说:"这里的'生生',是生命光辉的体现。我们观察草木生长,会发现凡是生长茂盛的,必然深深扎根在泥土之中,所谓'根深叶茂'就是这个意思。其实我们每一个个体的成长也是如此,学习成绩的提高和人生的成长也是这样的关系。如果把学习成绩比喻成叶,人生的成长就是根。德才兼备,才华是叶，德行是根。知识是叶，人生经验是根。做事是叶，做人是根。我们知道了'生'的密码，就掌握了做人做事的密码。"

杜若惊叹道："想不到'生'，竟然有这样深奥的内涵。"

先生笑道："有人曾问过我：'如何才能赚到很多钱呢？'这里的钱，就是露在外面的'果实和叶子'，想要'枝繁叶茂''硕果累累'，就必然要掌握一身硬本领，认准自己的平台和发展的方向，通过自己的本领去'生'，获得一定的物质利益。在获取丰厚利润的时候，智慧和德行必不可少。所谓厚德载物，德越厚，物自然越多，这里的物可以看作物质、金钱。"

鹿鸣也快速地思考着说："先生，人生是否是一场'交易'呢？拿我的本领、智慧、德行去换取我所需要的东西，可以这样理解吗？"

先生点头："这次鹿鸣是动了脑筋好好思考的。'生生之谓易'，有交易的意思，想要赚到钱，就得用自己的努力去换；想要成名，也需要拿出真本事去换。'生和生'才可以交易，'生'可以理解为向上的力量，也可以理解为'动'，因为'生'有动出的意思，动才能生，这是向上的、动的力量；而不愿意付出代价，或者不愿去做，为静。只有'动和动'交易才能生生不息，拿拥有的去换取需要的，这才符合交易之道，符合持续之道。'动和静'之间无法交易。"

小雅一边思索一边问道："'动和动'之间才能生生不息，这应当是一种循环的道理。"

先生点头，道："'生生之谓易'，就是由生到死再到生的过程，即循环之道。人死了之后还有后代，后代是生命的延续，这是我们中国人的生命观：生生不息，没有穷尽。比如《易经》的第六十三卦——既济卦，就是已经到达末尾，已经修成和圆满了，原本到此结束，结果却来了第六十四卦——未济卦，一切又从头开始，没有结束。日月为易，日月一直横亘天穹，日夜不休地运转着，终始循环。我们每一个个体也是如此，时刻要自我持续精进，生生不息才有发展。"

望着同学们求知的目光，先生又继续道："我还要讲解一下'天地之大德曰生'这句话，这样大家会更好地理解'生'这个字。这句话，其实在阐明世间一切生物、成物的本源。天地之道，在于自然而然；天地的大德，在于使万物生生不息、繁衍持续，这是阴阳和合的体现。'生'代表一切向上的、向善的、正面的、积极的力量，人生就是需要不断地突破，就像小芽从一颗种子慢慢长出，冲破泥土的阻力最后破土而出，这是一种多么伟大的力量啊。我们每个人在这样的拼搏精神下，才能真正实现生命的价值，从生存到生活，再到活出有价值——像种子发芽开花一样，绽放出自己生命的光彩。"

同学们，"生"这堂课讲完了，你们掌握了吗？我们下一堂课再见！

第五十课 立

甲骨文

夏日的傍晚，凉风习习，在清水流淌的小河渚，鹿鸣和同学们一直在开心地忙碌着。因为今晚同学们要和先生一起，开一个小型的篝火晚会。

在篝火晚会开始之前，先生让大家发表一段简短的学习感言。鹿鸣自告奋勇，上前道："先生，我们来到书院里学习已经有不短的时间了，我想同学们都和我一样，希望跟着先生好好学习，能从古汉字中感受到博大精深的中华传统文化，立志做一个对社会有用的人。"

先生微笑着点头，道："鹿鸣说得不错。学习古汉字，一要用心，二要善于思考，三要勤奋。古语说'拳不离手，曲不离口'，汉字的学习也当如此。刚才鹿鸣说到立志，在晚会开始之前，我们先来学习一下'立'好不好？玩乐和学习两不误嘛。"

"好!"同学们异口同声地道。

先生随手拿起一根树枝,在地上笔走龙蛇,写出了一个大大的"立"的甲骨文,然后用树枝指着说:"'立'这个字,形象生动,通俗易懂。从它的甲骨文看,表示一个人两腿分开站立在地上的样子。古文中'立'通'位',《韩非子》上说'将复立于天子。人所立处谓之位'。《说文解字》上也解释说:'立,住也,从大,立一之上。一人之上,会意大人。'这里的'大'不是普通的人,而是大人——指《黄帝内经》讲的真人、至人、圣人、贤人四种人。其中的那一横,表示的是地。"

此时杜若接口说:"先生,'立'的字义我知道一些,比如三十而立、立春、立夏等。"

先生点头,补充道:"三十而立的'立',是指一个人有所成就。《庄子·天地》上说:'德成之谓立。'立春、立夏的'立'有开始、创建、制定的含义,如立功、立言、立德等词语。'立'还有登基的意思在内,如册立太子、立位等。"

小雅闪动着大眼睛,一边思索一边问道:"先生,'立'还有站着的意思,'站'和'立'两个字有什么区别呢?"

先生解释道:"说到'站'和'立'两个字,区别有很多方面。其一是空间维度的不同,'站'指的是空间上实际站的那一点;而'立'包括实际的空间和虚拟的空间,不光指位置,还有一个人的身份、地位等。因此说,'立'就是在天地间、在人生中,有了自己的位置。立于天地间,就是给自己在天地间和人生中找一个空间,立在哪里,这个空间就是你人生的位置。"

小雅的脸上露出了恍然大悟的神情。先生继续道:"此外,'立'强调纵向高度的延伸,居高临下的视角;而'站'只能是在一个平面上。从空间维度上看,立是立在三维空间,甚至是四维、N维空间,所以有'立体'这样的词。既然是'立'在多维空间,包含有形的'立'和无形的'立',那么'立'的坐标就有很多,如立德、立言、立功、立业、立身等。"

鹿鸣也问道:"先生,既然'站'和'立'有空间维度上的区别,那么就有时间维度上的分别,对吗?"

先生点头,回答道:"从时间维度上看,'站'强调的是历史的某一刻,时间上的某一点;而'立'则可以超越时间,把自我立在历史的空间里。比如立下的德,可以穿越时间;立下的言,也可以穿越时间,重在强调从无到有的过程。'站'和'立',还有物质和精神维度上的差别。'站'是有形,指身体站起来,挺直腰杆做人;'立'是无形,是精神上立起来,《周易》说卦上说:'立天之道曰阴与阳。'道,本就无形无象,无处不在,所以用'立'。"

小雅听了先生的讲解如醍醐灌顶一般,脑筋快速转动的她,又赶忙问道:"先生,我们个人,又该怎么'立'呢?"

先生看了一眼周围的同学们,语重心长地说:"'立',是人生奋斗的核心,只有'十五志于学',才能'三十而立'。我来给大家具体分析一下,志于学就是立学,'三十而立'就是立德树人、立做大人、立志建功立业,做出一番丰功伟绩来。'立'是做人做事的开始,没有'立'事业就无法完成,这里面考验着一个人的决心和意志。当然了，立人不仅要立自己，还包括立别人，自己首先要立起来，然后成为别人的榜样，这就是'己欲立而立人，己欲达而达人'一语的内涵。"

小雅又问："先生，《论语·学而》中说：'君子务本，本立而道生。务本才能立本，立本才能生道。'这句话该如何理解呢？"

先生道："想要理解这句话，就要先去理解里面的'本'的含义。'本'是什么？'本'在哪里？众所周知，物有本末，'本'相当于一棵树的树根，'末'相当于树干，做人做事，要把重点放在根的生长上，根深才能蒂固。根立住了，就不会偏离正道……大家想一想，是不是这个样子呢？刚才我讲了，古文中'立'和'位'相通，一个人只有自身立起来之后，才能被历史所铭记，才能在天地间留下自我的位置。古往今来，那些为人类、为社会做出巨大贡献的人，不管是在当时还是在后世，他们的言行举止，都被大家铭记于心，这些人在时空中留下了永垂不朽的位置。"

小雅聆听先生一番立意深远的讲解后，总结说："先生，我们明白了，一个人的'立'要做到两个方面，一个是立身行道，另一个是立德树人。"

先生点头，补充道："修身是为了立身，立身就是立本、立根。《孝经》中说道：'夫孝，始于事亲，中于事君，终于立身。''终于立身'的意思是说，人活一辈子自始至终都是在追求立身，把自己立起来；换言之，立身就是立德。孔子不说立言、立功，而说立德，为什么呢？这是因为德为树根，德亦为人之根——无根之人走不远，无德之人走不久。那么什么是树人呢？所谓树人，目标就是要成为大人，即真人、至人、圣人、贤人。最低的要求，也要成为一名君子。"

小雅频频点头，继续问道："先生，刚才您引用《周易》说卦上的话，说'立天之道曰阴与阳，立地之道曰柔与刚，立人之道曰仁与义'，这三句话该如何理解呢？"

先生解释道："《周易》说卦中的这三句话，简言之就是天道为阴与阳，地道为柔与刚，人道为仁与义。同学们仔细想一想，天地本就存在，还需要立吗？是天需要立，还是地需要立呢？显然都不是。这三句话的意思是说，一个能与天地并立、可以提挈天地、能够把握阴阳的人，就是真人，真人就是指达到了天人合一境界的人。再进一步理解，人与天、地道并立为三才之道，用阴阳之道与天道相始终，用刚柔之道与地道相和顺，用仁义之道和人相连接。大家明白'立'的含义了吗？明白了我们就开始晚会活动吧。"

"明白了，先生！"同学们都兴高采烈地欢呼道。

同学们，"立"这堂课讲完了，你们掌握了吗？我们下一堂课再见！

第五十一课 志

金文　　　篆文

清晨的书院，微风习习，垂柳的青丝随风摇摆，舒展自在，几片柳叶飘落，池塘中的金鱼，不时调皮地从水中探出可爱的小脑袋，围着落叶吐泡泡后，随即又轻摆鱼尾，一个闪身，潜入水中。

先生手拿一支特大号的毛笔，旁边放着一只小水桶，在院子里的方砖地面上聚精会神地练习书法。

鹿鸣轻轻地走到身后，小声念道："有志者，事竟成，破釜沉舟，百二秦关终属楚……"

杜若在一边接口道："先生的字太优美漂亮了，笔随意转，挥洒自如。"

小猫咪这时也跑过来凑热闹，在旁边睁着好奇的眼睛，歪着头认真地看着。

先生不为所动，敛神屏气，一口气写完了这副楹联的下半部分："苦心人，天不负，卧薪尝胆，三千越甲可吞吴。"

小雅对鹿鸣他们说道："当年蒲松龄为了激励自己勤奋写作，在铜尺上刻下了这副楹联，非常励志。"

先生这才转身，笑着道："同学们早！好久不练字了，感觉手中的毛笔都快不听使唤了……大家知道今天我为什么要写下这副楹联吗？"

望着先生征询的目光，小雅笑着说："自然是和我们今天讲述的汉字有关。"

先生轻轻点头，道："确实如此！今天我为同学们讲述的是'志'，这副楹联恰如其分地将一个人奋发有为的志向、志气体现了出来，有助于大家的理解和认识。"

先生一边说，一边将早已准备好的课件拿了出来，只见上面是"志"的金文和篆文。先生用手指着道："同学们看，'志'的古汉字上面是'之'，下面是'心'，古人为什么要这样造字呢？"

小雅思索了一下，回答说："古汉语中，'之'表示前往的含义；'心'表示心之所向，也就是一个人内心所追求的理想和目标。比如'诗言志'，古人写诗是为了展现自我内心的志向，因此说'在心为志，发言为诗'，这也许是'志'要表达的意思吧！"

先生点头，道："小雅理解得非常到位。《说文解字》上讲：'志，意也。'情动为志，志乃意念的开始；'志'和'记''知'也有一定的关联，有记录、记载的含义，如《三国志》《县志》。"

杜若提问道："先生，既然说情动为志，志乃意念的开始，那么'志'和'意'的区别是什么呢?"

先生道:"它们两者之间的区别在于:意,是心念的表征,大多是感性、即兴的,是多变的,因此有'三心二意'的说法;而'志',是最为深刻的信念,是意念的根本,是更深层次的'意',带有稳定、强烈的理性和长期性,就像我刚才写的'有志者事竟成'一样。'意',不过是一个闪念而已;但'志',却是一个人要达到的深刻心念。"

小雅也问道:"先生,'志'和'智'之间又有什么联系呢?墨子说'志不强者,智不达',该如何去理解呢?"

先生解释说:"'志'和'智',音同意通。'志不强者,智不达'这句话,指的是志的大小决定智的大小。一个人的志向越大,越能激发他内在的智慧。为什么这样说呢?如果一个人树立了一个很小的志向,是不是他达到目标要容易一些呢?轻松就能完成,大脑也'乐见其成',趁机偷懒休息;一个人立下了大志向,完成目标的难度大,大脑的斗志被激发出来,积极调动智慧参与进来,这时的内在智慧就被完全激活了。因此,立志就是开发自己的智慧,志越强,智慧越高。"

鹿鸣道:"先生,这样说,我们立下的志向越大越好,对吗?"

先生回答道:"可以这样理解。不过志向要符合实际,不能'假大空',也要学会'止欲'。"

"止欲?"同学们不由得异口同声地发出疑问。

先生点头,道:"是的!这里就涉及'志'和'止'之间的关系。一个人立志后,需要付出大量的行动和努力,其间也会遇到各种各样的诱惑，唐僧西天取经，女儿国就是唐僧遇到的最大诱惑。如果一个人不知道止欲的话，'志'就会降为'意'，一个坚定的志向就变成了可做可不做的念头了。因此说，'知止而后有定'，止才能定，定能生慧。'止'，就是要止到自己的志上面，世间任何伟大成功的背后，都有一个常人所难以坚定不移的志向。"

小雅似有所悟，接口道："先生，'志'上面是'之'，下面是'心'，'志者，之也'。立志，就是心所向往的地方。从这个意义上说，'之'是指引志的方向，非常关键。"

先生点头，补充说："其实'之'代表着志的方向，是道的体现。一阴一阳谓之道，阴不是道，阳不是道。志向就是志有定向。'智'是完成志向所必备的基础，没有智慧的储备是无法完成志向的，原因在于'心有余而力不足'，人的智力不足；'止'是人知道在哪里停下来，不被欲望和诱惑所缠绕；'之'是知道终点在哪，知道在哪里停下来，而后才能更好地出发。"

鹿鸣感慨地说："想不到'志'这个字，有如此丰富的内涵。一个人想要成功，志向非常重要。"

先生看着他，笑着说："通过这堂课，鹿鸣认识到了志向的重要性。以我们的学习为例，学习的首要任务就是要立志。古语云：'圣人立教而教化天下'，立志是和圣人产生神思关联的最好方式。古人读书的首要目标就是'志在圣贤'，即成为像圣贤一样的人。我们读书不仅是为了考一所好大学，找一份好工作，要为报效国家而立志读书学习。就像周总理那样，为中华之崛起而读书。只有树立远大的志向，才能成为一个对国家、社会、人民有用的人。"

鹿鸣被先生的话感动了，继续问道："我们应该如何立志呢？"

先生回答说："知道自己的志向是什么，此为第一步。明确自己的志向，为谁请命，这是关键的关键。立志为谁？为的人越多，就越有能量。古人认为立志分为三个层级：立小志——小志为自己；立中志——中志为家族；立大志——大志为国家。在立志的时候，还要找到学习的榜样，什么人才是我们值得学习的榜样呢？自然是圣人了，原因在于圣人立志是为了国家，是为天地立志。以'圣人心'为我心，以'圣人行'为我行，遵从圣人的言行教诲。"

小雅问道："先生，为何《论语·为政》上说孔子'吾十有五而志于学'。十五岁才立志，是不是太晚了一些呢？"

先生摇头，解释说："如果不了解'志'的意思，读到这句话时，会想当然地认为孔子十五岁才开始立志求学。如果十五岁才开始立志求学，对孔子而言确实太晚了。我们知道，孔子从小就勤奋好学，他十五岁立志的目标就是志在圣贤。换言之，孔子十五岁时就已经立下大志，要成为像周公一样的圣人，所以他才会学到发愤忘食，乐而忘忧，'不知老之将至'啊！"

同学们，"志"这堂课讲完了，你们掌握了吗？我们下一堂课再见！

第五十二课　礼

甲骨文

篆文

　　课堂上，先生让鹿鸣和杜若换上汉服，演绎了一段孔子向老子问礼的情景剧。

　　鹿鸣扮演孔子，杜若扮演老子。动作生硬的鹿鸣，引来同学们一阵欢声笑语。

　　表演结束后，先生笑着问鹿鸣："感觉怎么样呢？"

　　鹿鸣红着脸回答说："感觉有一点放不开，进入情景后就感觉越来越有状态了。"

　　先生点头，又转头向同学们说："为什么要让鹿鸣和杜若表演这场情景剧呢？当然是和我今天讲述的汉字有关。通过表演，让同学们更直观形象地领悟汉字。"

　　先生说到这里，随手在黑板上写下了"礼"的甲骨文和篆文。

　　鹿鸣低声道："小雅，'礼'的甲骨文好有趣，感觉是两串玉放在了容器中。"

先生纠正道："准确地说，应当是放在一种用来祭祀的器具中。为什么要在里面放玉呢？古人认为玉能通神，故把玉作为最好的祭祀用品。'礼'从甲骨文演化到篆文，又加了形旁'示'，指放着祭品的祭台。后来引申为神的赐福、神迹的显现，'天垂象显吉凶，所以示人也'！左右两部分合起来就表示使用祭器向神祭祀的仪式。"

杜若问："先生，'礼'在古汉语中，是否表达敬事神灵、祈福安康呢？"

先生回答道："许慎在《说文解字》中说：'礼，履也，所以事神致福也。'敬事神灵、祈福安康是它的含义之一。我们再看'履行'这一词语，履就是'礼'，礼定了之后，人道才能立。孔子说：'民无信不立。'正所谓'礼，教化之大也'，圣人通过观天象，以天伦定人伦，制定出一套人伦秩序准则，用履来制定礼教，以礼来克制人容易散漫的情欲。以天道立人道，所以'礼'是人道之本，也是通往天道的阶梯。"

杜若点头，道："这么说，'礼'有秩序的含义，是吗？"

先生笑着道："确实如此！《白虎通·礼乐篇》上说：'夫礼者，阴阳之际也，百事之会也。所以尊天地、宾鬼神，序上下、正人道也。礼仪三百，威仪三千，首于孝悌。''礼'就是履，'履'里面为'复'，意思是礼为返本复始之道。祭祀、敬天、事亲都是报本之道。秩序的内涵，就是要与时偕行。大礼与四时同频共振——什么时间做什么事，这是礼；什么空间做什么事，这也是礼，比如高空中翱翔的雁阵，领头雁带领雁阵的时候，非常有秩序，后面的梯队也秩序井然地紧紧跟随。"

小雅接口说道："我看过有关孔子学礼的故事。说他家旁边就是周公庙——周公虽是诸侯，祭祀使用的却是天子之礼。孔子从小耳濡目染，平常也爱摆弄祭祀的礼器。孔子的精神导师就是周公。他成人之后，入太庙每事问，任何一个细节都不放过，可见孔子对礼的敬重，也是他对周公的无限敬重。"

先生点头，道："孔子知礼、懂礼、敬礼，是礼之大成者。他为何如此重视礼呢？古语云：'礼者，理也。在德曰礼，在行曰理。'理出于道，而礼成于孝悌忠信。《荀子·劝学》篇中说：'礼者，法之大分，类之纲纪也。'这段话的意思是说，礼是法的前提，相当于国家和社会治理中各种条例的纲要。人们常说入乡随俗、入国问禁，到了一个陌生的地方，或者是异国他乡，一方面要遵从当地的礼仪规范，另一方面还要询问当地风俗中禁忌。"

鹿鸣高兴地说："先生这样讲解，我更深刻地理解了入乡随俗、入国问禁的含义。"

小雅问道："礼为什么会如此重要，人们为何一直强调对礼的学习呢？"

先生解释道："中华为礼仪之邦，上至王公贵族，下至黎民黔首，都以礼为重、以礼相待。古代练武之人，打斗时使用暗器前，也会提前打声招呼，否则胜之不武，这就是礼在民众内心深处潜移默化的影响。《礼记·曲礼》上说：'是故圣人作，为礼以教人,使人以有礼知自别于禽兽。大上贵德,其次务施报。礼尚往来。往而不来,非礼也;来而不往,亦非礼也。人有礼则安,无礼则危。故曰礼不可不学也。'从这段话中看出,首先,圣人以礼教化百姓,礼是人和禽兽相区分的界限,缺乏礼就和禽兽无异。不学礼,无以立,礼就是立人,立人后才能称为真正的人。其次,礼是人和人和谐相处的准绳,'礼之用,和为贵''礼尚往来'等语句,都体现了我们自古以来的人情味、人情观。"

小雅深以为然,说道:"很显然,我们中华民族的文明,礼——贯穿了始终。"

先生继续深情地讲述道:"古人非常注重礼。在商朝和周朝的早期,礼是祭天的仪式,用最为尊贵的玉来举行祭天活动。'国之大事,唯祀与戎',正是礼重要性的体现。武王伐纣建立周朝后,武王的儿子成王年幼,他的叔父周公旦协助治理国家,其中一项很大的成就就是'制礼作乐',即周礼。《左传》对此也记述说:'礼,所以守其国,行其政令,无失其民者也。礼,经国家,定社稷,序民人,利后嗣者也。'由此可见,制定周礼是为了经营国家、安定社稷、让各阶层的民众有序地生活,以利子孙万代。"

说到这里,先生停顿了一下语气,又接着说,"礼,最早是为了规范王公贵族的行为,'礼不下庶人'。后世有人认为,'礼教杀人',这完全是一种错误的观念。礼是一种规范,也是一种情,'发乎情,止乎礼',因情而发,因礼而止,没有人和人之间的情，礼也会失去它的意义。而且，礼和法之间也有很大区别，礼是发自内心，主动去遵守规则。而法是被动的去遵守要求。"

杜若提问说："先生，周礼包含哪些内容呢？"

先生回答说："周礼内容丰富，它向上涵盖祭祀和打仗的各种形式、步骤，向下涉及喝酒、服饰等日常行为。真正是事无巨细，无所不包！周礼涵盖了当时所有官制、官职的权力和义务，以及百姓的各种行为规范。《周易·系辞》曰：'圣人有以见天下之动而观其会通，以行其典礼。'"

杜若点头，又问："先生，既然周礼如此完备，为何孔子还要前往周朝的都城向老子问礼呢？"

先生笑着解释说："杜若提出的问题很好。我们知道，鲁国是周公旦的封地，而周礼是周公旦制定的，在周朝的各个诸侯国中，鲁国是持有礼制文献最多的诸侯国。虽然如此，周王朝的都城洛邑是天子所居住的地方，天子那里自然有着更为完备的礼仪典章制度，这也是孔子所说的'天下有道，礼乐征伐自天子出'的意思，当时担任周王朝国家图书馆馆长的老子是典藏的管理者，孔子想虚心地向他求教。"

小雅一边聆听先生的话语，一边快速地思考着，她又提问道："先生，春秋后期，战乱频繁，礼崩乐坏，以孔子为代表的儒家，又是如何应对的呢？"

先生略微思索了一下，整理思绪道："孔子之后的儒家，到了春秋后期，确实到'天下无道，礼乐征伐自诸侯出'。尤其到了战国后期,儒家一分为八,在当时的社会环境下,又衍生出了法家一脉,自此开始,中国社会进入了一段用法来代替礼,以法来严厉约束人民行为的时期。荀子在《礼经》中说:'礼者,法之大分,类之纲纪也。'不难看出,礼和法相比,礼还是处于重要地位。"

先生说到这里,扫视了一圈认真听讲的同学,继续道:"孔子生前删《诗》《书》,定《礼》《乐》,述《周易》,作《春秋》,由此奠定了儒家礼向后代传承的坚实基础。到了汉代,在儒生董仲舒的推动下,汉武帝采取了'罢黜百家,独尊儒术'的方略,六经成了我国古代士子的重要学习教材。士子,就是我国古代的知识分子,国家的管理者、国家的栋梁。"

鹿鸣说道:"先生,可以简单给我们讲一讲六经吗?"

先生点头,回答说:"六经中,礼经内容最多,含《周礼》《仪礼》《礼记》三本。《周礼》是周朝所制定的官制和官职介绍;《仪礼》是具体行为的规范;《礼记》是对上面两本内容的补充,比如关于学习和教育、世子在宗族中的礼仪规范、相关时节下的王和民的注意事项等。除此之外,《礼记》还包括《论语》《大学》《中庸》等内容。汉武帝时因《乐经》失传,六经改称五经。北宋时期的程颐、程颢兄弟两个开创了新儒学,即后世所说的理学。"

"理学?"鹿鸣的脸上露出了迷惑的神情。

先生进一步解释道:"对。理学,也是程朱理学。南宋时期,朱熹将《论语》《大学》《中庸》从《礼记》里抽出,与《孟子》

集在一起，称为四书，不仅强化了儒家的作品，也由此完善了北宋二程的理学，使儒家再一次成为社会的主流！"

小雅道："先生，朱熹的理学有一定的片面性。"

先生点评说："对！朱熹对儒家贡献很大，不过他的有些理学思想，偏离了孔儒的仁、义两全之道！"

说到这里，先生的神情变得严肃起来，他说："俗语说'国有国法，家有家规'。礼是社会秩序的维护者，对父母有礼才能履行孝道，对老师有礼才能践行师道，对国家有礼才能更好地爱国、报国。"

同学们，"礼"这堂课讲完了，你们掌握了吗？我们下一堂课再见！

第五十三课 乐

  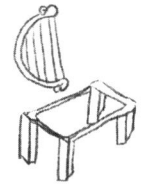

甲骨文　　　金文

课堂上，小雅身穿汉服，端坐在讲台的一侧。她的前面摆放着一张质朴的古琴。

先生笑意吟吟地向大家介绍道："我们这堂课要学习的汉字是'乐'。学习之前，咱们请小雅先为我们弹奏一首琴曲好不好？"

同学们热烈地鼓掌欢迎。

鹿鸣悄声对杜若说："小雅学习古琴好几年了，不过我还是第一次当面聆听小雅的弹奏。穿上汉服的她，还真像蕙质兰心的古代才女。"

此时琴声响起，杜若赶忙向鹿鸣打了一个噤声的手势，示意他认真聆听。

只见小雅神情专注，双手挑、拨、吟、猱、绰、注、进、复……动听的乐声从琴弦上轻泻而出，只听小雅唱道：

课堂上,小雅为大家弹唱古风琴曲《绸缪》

绸缪束薪，三星在天。
今夕何夕，见此良人？
子兮子兮，如此良人何？

绸缪束刍，三星在隅。
今夕何夕，见此邂逅？
子兮子兮，如此邂逅何？

绸缪束楚，三星在户。
今夕何夕，见此粲者？
子兮子兮，如此粲者何？

一曲弹唱完，空留余韵绕梁不绝。

先生带头鼓掌，小雅起身鞠躬致谢。

鹿鸣望着走回座位的小雅，竖起拇指称赞说："小雅你真的太棒了！"小雅脸一红，悄然在自己的座位上坐了下来。

先生走上讲台，挥笔写下了"乐"的甲骨文和金文，然后用手指着道："甲骨文的'乐'上面为丝弦，下面为'木'，表示架子或琴枕。金文中加了'白'，表示调弦的器具。《说文解字》上说：'乐，五声八音总名。'小雅，你对古代音乐有所了解，给同学们说一下什么是五声八音吧！"先生把这个问题抛给了小雅。

小雅不慌不忙地回答说："五声，分别指宫、商、角、徵、羽；八音，是匏、土、革、木、石、金、丝与竹的总称。换句话说，古人将制造乐器的材料分为八种，称其为八音。"

先生点头，补充道："首先我们要明白礼崩乐坏之前的乐，都是指雅乐正音，不是指民间歌乐，我们今天要讨论的也是古代正统的雅乐。说到制造乐器的八种材料，给大家详细讲解一下。匏：一种植物，类似葫芦，称为匏瓜；土：陶土、瓦器，如埙；革：皮革，用于制鼓；木：指木制乐器；石：指石做的乐器，如磬；金：指铜锣、铜鼓等金属做的乐器；丝：指丝弦乐器，如古琴；竹：指箫笙之类的管乐器。"

杜若道："这里面的学问太深了。先生，'乐'又读作快乐的乐，'喜'和'乐'都表示高兴，它们之间的区别是什么呢？"

先生解释道："杜若这个问题很有趣。喜欢的'喜'所指不是单一的事，而是成双的事。人们经常讲'双喜临门'，或结婚的时候要在显眼的门窗上贴上红双喜字。"

鹿鸣反应也很快，说："还有……两个人结婚是喜事，女人怀孕叫作有喜了。"鹿鸣生动的比喻引起了同学们的欢笑声。

先生也被逗笑了，接着道："其次，'喜'是人神情外在的体现。'喜'上面为吉，有'口'，需要通过一定的肢体语言动作表达出来。如嬉笑这一词语表示两个女孩子在嬉戏，她们嬉戏的场景一定是有声的，热热闹闹的。再者，'喜'的状态也常表现在面部表情上，如喜笑颜开，喜笑时脸色就开朗了，'喜'强调外在的开心；而'乐'强调内在的开心，比如没事偷着乐。"

杜若又问："先生，《论语》上说：'有朋自远方来，不亦乐乎?'为什么不是'不亦喜乎'呢?"

先生解释道:"同学们想一想,如果用'不亦喜乎'是不是不太符合君子的标准呢?——翻译成白话文:'哎呀,你来了,一直盼着你来,可想死我了。'来者一听就知道主人不真诚。为什么呢?因为'喜'多少有点假在里面,'乐'却全是真情的流露。真正的乐,不是外在言语的表达,而是内心深处无尽的喜悦。这就像每逢春节,外出工作的子女千里迢迢赶回家,父母看到儿女回家团聚自然无比开心,然而他们在言语上也话不会有过多的表达。"

小雅道:"先生,《中庸》上说:'喜怒哀乐之未发谓之中。'这里'喜''怒'相对,'哀''乐'相对,可以讲解一下吗?"

先生点头,回答道:"什么是'喜'呢?'喜'是有了好事瞬间就会灿烂绽放的状态。什么是'愤'呢?'愤'是当场迸发出来,而'怒'是一种压抑的状态。什么是'哀'呢?说出来叫作怨。沉默不语,内心深处那种更深沉、更内敛的情感叫作'哀'——轻轻一叹,往往才是最要命的。古人认为,五声八音最终统于阴阳,阴阳和谐的状态称作'乐';进一步延伸,将情绪中不好的抹掉,只留下最好的叫作乐(lè)。大家明白了吗?"

小雅点头,道:"先生,'乐'(樂)和'药'(藥)的繁体字相似。可见音乐的根本是和谐,和谐来自五音之间的配合,最终达到完美的状态。所以说和谐是快乐的源泉,快乐可以驱散不好的情绪;药能治病,其根本在于调节身体平衡,使五脏和谐。而音乐是快乐的源泉，是治病的良方。"

先生颇有感慨地说："是的！这就是音乐功用的重要体现。同学们知道吗？我们古代中国音乐发达到令人震惊的地步，伏羲治琴，女娲治瑟；贾湖出土的骨笛，距今有差不多9000多年的历史了，而且是七声音节。"

鹿鸣的大脑也在快速地运转，在先生的讲解启发下，他也提问道："先生，为什么古代音乐有教化的功用呢？"

说到这里，先生端起水杯，轻轻地喝了几口水，继续道："'夫乐本起于和顺，和顺积于中，然后荣华发于外，是故八音者，德之华也；歌者，德之言也；舞者，德之容也。'又说'凡人之从上教也，皆始于音，音正则行正，故闻宫声，则使人温雅而广大；闻商声，则使人方正而好义；闻角声，则使人恻隐而好仁；闻徵声，则使人整齐而好礼；闻羽声，则使人乐养而好施，所以感荡血脉，通流精神，存宁正性，故乐从中出，礼从外作也。礼乐接于身，望其容而民不敢慢，观其色而民不敢争，故礼乐者，君子之深教也，不可须臾离也'。这两段话，是《春秋公羊传注疏》中的话语，从中不难看出，音乐能培养一个人的美好德行。"

鹿鸣赞叹道："音乐在潜移默化中能感化人的内心，所以称为正音雅乐呢。"

先生深以为然地点头道："《孝经》上说：'移风易俗，莫善于乐。'古人认为，音乐是化民成俗很好的方式。《诗经》就是音乐，只是谱子丢了，我们不知道古人是如何唱的了。音乐有好坏之分,我们应当听那些高雅的、积极的音乐,少听甚至不听靡靡之音、颓废之音。"

小雅问道:"先生,《礼记·乐记》上说:'大乐与天地同和,大礼与天地同节。和,故百物不失;节,故祀天祭地。'孔颖达疏'大礼与天地同节者,天地之形各有高下大小,为限节,大礼辨尊卑贵贱,与天地相似,是大礼与天地同节也'。这段话是在说音乐的作用吗?"

先生点头,道:"这段话的意思是说,伟大的乐和天地保持着和谐,伟大的礼与天地保持着同样的节序。有了和谐,万物才不会丧失本性;有了节序,才能按时祭祀天地。《论语》中也说:'子在齐闻《韶》,三月不知肉味。曰:不图为乐之至于斯也!'《韶》乐是赞美舜的乐章,是当时的经典古乐。孔子听了《韶》乐后,竟然在很长时间内品尝不出肉的滋味,感叹音乐居然可以达到如此玄妙高深的境界。孔子具有极高的音乐鉴赏能力,从他的感悟中可以看出,音乐有着穿越时空的感召力,可以作用于心灵,修养心性。"

同学们,"乐"这堂课讲完了,你们掌握了吗?我们下一堂课再见!

第五十四课　天

甲骨文

书屋里，先生专心致志地在宣纸上作画。调皮的小猫蹲坐在书案的一角，晃动着小尾巴，目不转睛地在一旁观看。

鹿鸣和小雅他们进入书屋后，轻轻围在先生的左右。先生的绘画创作也接近尾声了，只见他将画笔放在了笔筒里，示意鹿鸣和他一起将画纸提起，面朝同学们。

杜若看去，画纸上是一位古人，神态威猛，充满刚劲的张力。人物形象生动传神，栩栩如生。

她迟疑地询问："先生，这是哪位古人呢？"

先生笑道："我描绘的是人类始祖盘古。今天我们要讲述的汉字，就和盘古有关。"

说到这里，先生随手在黑板上写下了"天"的甲骨文。然后用手指着讲解说："这是'天'的甲骨文，下面是一个大人的形状，上面的'口'表示人头顶以上的地方，即天空。'天'的本义有两种，一为头顶，一为上空，含义是人头顶之上的广袤空间和至高无上之物。《说文解字》上说：'天，颠也。'颠，指至高无上。"

鹿鸣问道："先生，'天'和'人'的古汉字很相像呢。"

先生解释说："为何会这样呢？天大、地大，人亦大，所以'人'和'天'的古汉字形状看起来很像。我们知道，中国文化一直是以天为锚定标物，以天定人，而'天''人'形象相似，这样更容易让大家理解我们讲的'天人合一'的思想了。"

杜若也问道："先生，在我们的文化体系中，'天'除本义之外，还有哪些含义呢？"

先生道："第一个含义，即自然界的天。如《论语》里面说道：'子曰："天何言哉？四时行焉，百物生焉，天何言哉？"'这里的天，就是自然界的天。第二个含义，即义理之天，与人们常说的'天理'意思相近。这个意义上的'天'，从先秦的各派思想家开始使用，一直沿用至今。第三个含义，即主宰人事或命运的天，即造化之神，比如《论语》里颜渊死之后，孔子叹息着说：'噫！天丧予！天丧予！'……还有一种天道思维——自然的轨迹为天道，人事之轨迹为人道，引申为自然和人事所遵循的轨迹。古时候中国人的最高信仰是天，追求的是天人合一的境界。这是'天'的第四个含义。"

说到这里，先生向同学们提问道："盘古最早的记载出现在哪里呢？"

小雅思维运转非常迅速，回答道："三国时期吴国人徐整的《三五历纪》一书中有盘古的记载，估计是最早的文字记载吧！"

先生点头，道："哪位同学来讲一讲盘古的故事呢？"

杜若自告奋勇说："先生，我来吧！"

杜若清了清嗓子，声情并茂地讲述起来："盘古，又称盘古氏、混沌氏。据说在很久很久以前，天地还没有形成，到处是一片混沌。它无边无沿，没有上下左右，也不分东南西北。从外形上看，好像一个浑圆的鸡蛋。这浑圆的空间当中，就孕育着人类的祖先——盘古。过了一万八千年，盘古在这浑圆的空间中孕育成熟了。他发现眼前漆黑一团，于是就用斧子劈开了这混混沌沌的圆形物体。轻而清的阳气上升，变成了高高的蓝天；重而浊的阴气下沉，变成了广阔的大地。从此，宇宙间就有了天地。"

鹿鸣低声对小雅说："盘古的身世来历，听起来和孙悟空很相似。"

小雅向他做了一个"嘘"的手势，示意他继续听下去。

杜若的声音清脆响亮，继续道："盘古出世后，头顶蓝天，脚踏大地，挺立在天地之间。从此开始，天每日增高一丈，地每日增厚一丈，盘古也每日长高一丈。这样又经过了一万八千年，天高得不能再高，地深得不能再深，盘古变成了一位高达九万里的顶天立地的大巨人，像一根柱子一样撑着天和地，使它们不再变。然而盘古开天辟地之后，天地间只有他一个人。因为天地都是他开辟出来的，所以他的情绪有什么变化，天地也跟着发生相应的变化。盘古高兴时，天朗气清；盘古发怒时，天阴云沉；盘古哭泣时，天降大雨，落到地上便汇聚成江河湖海；盘古叹气时，大地便狂风四起；他眨眨眼睛，天空出现闪电；他发出鼾声，空中就会响起隆隆的雷鸣声。"

鹿鸣看向小雅，她眼神里充满了对盘古的敬意。

杜若接着讲述着："不知经过了多少年，盘古死了，躺倒在地上。他的头部隆起，成为东岳泰山；他的脚朝天，成为西岳华山；他的肚子高挺，成为中岳嵩山；他的两个肩胛，一个成为南岳衡山，另一个成为北岳恒山；他的头发和汗毛，也变成了树木和花草。后来，才有传说中的远古帝王——三皇。"

杜若一口气讲完盘古的故事。先生夸赞说："杜若讲得非常好，这就是盘古开天的神话。神话虽是神话，重要的是我们要通过神话看出背后的'道'。看不懂就是神话，看懂了就是文化。屈原在《天问》询问，盘古的斧头从哪里来？天地混沌时期，他从哪摸出来一把斧头呢？《庄子·外物》上说：'得鱼忘筌，得意忘言。'筌是捕鱼竹器，意思是说，已经得到鱼了，还在乎那个筌吗？盘古开天这个神话也是如此——关键在开天，而不在斧头。纠结在斧头如何得到的问题上，就难真正去理解盘古，也难理解天是怎么开的。也许盘古用手就开了天，只是世人无法理解，手如何能开天呢？于是就打个比方，说盘古用斧头将天划开了。"

小雅问："先生，有人比喻盘古是一只处于混沌中的葫芦，是这样吗？"

先生回答说:"可以这样理解!以葫芦比盘古,指当时的天地是一片混沌的状态。开天就是将自己分清了,轻气上升为天,浊气下降为地。盘古所开的天,就是混沌之天,混沌的天是指《易经》的第三卦,即屯卦。第一、二两卦分别为乾卦和坤卦,代表天和地。"

小雅一边思索,一边又问:"盘古为什么非要开天呢?为什么盘古开的天与《易经》里面讲的屯卦和蒙卦有关呢?"

先生解释说:"这是因为上古时期还没有什么文明,人和动物之间也没有太大的差别,整个世界是一片混沌。突然有一天,盘古觉得不应该这样生活,应该换一种活法,因此有了开天的举动。为什么与《易经》里面的第三卦屯卦和第四卦蒙卦有关呢?盘古生出开天的念头,意味着他'屯'了,'屯'就像是小草发芽,盘古的头脑中生发了一个新的念头,也闪现出人类灵性的第一道光。此时的他,发现天地是一个'蒙'的世界。'屯'就是突然发现这个蒙昧的世界,不是他想要的世界。"

或许是先生讲得太生动了,小猫从书屋的一角悄悄走了出来,用萌萌的小脸蹭着先生的裤脚。

先生轻轻移动脚步,继续道:"屯卦上讲:'云雷屯,君子以经纶。'满腹经纶,是指人心中的想法和念头很多,极具才能,想要做出非凡的成就——盘古这样的人看出世界是一片'蒙'的状态;蒙卦上讲:'山下出泉,蒙,君子以果行育德。'果行,指盘古开天时的那一举动非常果断和决断,奋力一劈,和蒙昧的世界一刀两断,从此脱离愚昧的落后生活。"

鹿鸣赞叹道："盘古的灵光一闪，就是智慧之源啊！"

先生点头，继续道："开天辟地的内涵，不是将天地的物理性分开那么简单，而是指将人从自然中分了出来。在此之前，天和地连在一起，是混沌的状态；盘古开天，把天撑上去，让地落下来，人就显现在天地中间了。天地分开，就开出'仁'。仁者爱人，那个时代只有盘古自己一个人，他只能爱自己。因此说，天、地、人才是真正意义上的'三才'之道，仅仅有天、地是没有意义的。'仁'的古汉字我们讲过了，上面一横，下面一横，人在中间，表示人通天达地，顶天立地。"

小雅提问道："先生，屯卦就相当于盘古的内明，开始自我觉醒了，对吗？"

先生点头，说道："小雅理解得非常正确。自我觉醒是明德，为内圣，为知；而蒙卦就是盘古的外明，是明明德，为外王，为行。知行合一，就到了第五卦，即需卦。需卦上讲：'云上于天，君子以饮食宴乐。'吃喝宴饮样样俱全，大家欢聚在一起唱歌跳舞，才是人间天堂的状态。简言之，盘古代表的是乾卦，就是那个时代的天地心，是传道者。开天开的是屯、蒙两卦，才有了后来人间美好的生活。"

小雅又问："先生，盘古之后到了伏羲时代，伏羲也是一画开天。同为开天，他们之间的区别是什么呢？"

先生点头，说道："虽然两人同为开天，但是伏羲所要解决的问题和盘古不尽相同。据说，在伏羲、女娲之前，是没有婚姻的，或者说，从盘古到伏羲时代都是原始社会，古人只能称作人群，还不能称作社会。这样下去，没有婚姻制度的话，就会发生混乱。为了人类繁衍，女娲开始造人，其实就是女娲生人。伏羲、女娲是划时代的人，他们伟大的功劳就是定婚礼、定秩序。男子喜欢上某个女子，需要拿上两张鹿皮去迎娶。总而言之，伏羲一画开天，画出先天八卦，让世人看到天地定位，山泽通气，以八卦定八风之礼。一切按照规矩来。一画开天，就标志着文明的肇始。"

同学们，"天"这堂课讲完了，你们掌握了吗？我们下一堂课再见！

第五十五课　平

金文

　　课间休息时，鹿鸣和小雅他们跑到了书院的草地上玩耍。几只小猫在草地上尽情地嬉戏玩耍，憨态可掬的样子令人忍俊不禁。

　　这时，猫妈妈从王婶儿那里叼来了几块小鱼干，小猫仔们看到了，都纷纷围拢在猫妈妈身边。猫妈妈把鱼干放在地上，趁着几只小猫抢食的时候，它又叼起其中一个完整的鱼干，喂给了其中最为瘦小的一只小黄猫。

　　杜若感叹说："你们看，猫妈妈多有母爱啊！自己舍不得吃，先让孩子们享用。"

　　鹿鸣却说："猫妈妈偏爱那只小黄猫呢。小黄猫独自享用一整条鱼干，我感觉这种做法，对其他小猫不平等。"

　　不知何时先生站在了他们的旁边，接口说："看来鹿鸣对平均和平等一直耿耿于怀啊！这一堂课，我们就来学习一下'平'这个字，学完了之后，我相信大家就会对平均和平等有更深入的认识。"

说到这里，先生找来一根小树枝，随手在地上写下了"平"的金文。

鹿鸣看了看说道："先生，这个'平'的金文最好认了，不过它的一竖为什么是弯曲的呢？就像是后面多了一条小尾巴。"

鹿鸣的话语引得同学们笑了起来，先生解释说："这是因为当'平'演化到金文的时候，为了美观，把一竖写成弯曲的模样。同学们仔细观看这个'平'，'平'的两横分别代表天和地，也代表测日影之冬至与夏至；它的两点，则分别代表春分、秋分，象征着阴阳平衡。大家再看，两点看起来还像什么呢？对，它还像'八'，代表分，即分阴和分阳的意思，就是在冬至和夏至之间，寻找到一个最好的平衡点。中间弯曲的一竖，表示测量日影。平，根本上是指阴阳，它的水平面部分，是表示为测日影用的。"

小雅道："想不到简简单单的'平'，竟然有如此深意。先生，'平'除了平均、平等之外，还有哪些字义呢？"

先生回答说："《说文解字》上说：'平，语平舒也。'前面我们讲过，'平'里面的'八'有分散的意思，气流通过而能分散，分散且能匀适，那么语气自然就会平和、舒顺了，这是'平'的第一个含义。《广雅》上也讲：'平，和也。''八'可以分阴分阳，显然阴阳协调的状态就是和，这是'平'的第二个含义。

《尔雅·释诂》上说：'平，成也。'指和好、和睦的含义。'平'还有'水土治曰平'的意思，如'地平天成'原指禹治水成功，从而使天地万物得以有成，后常比喻一切安排妥当。"

杜若提问道："先生，我们学过'喜'和'乐'，为什么经常说喜乐平安，'乐'和'平'之间有什么关系呢？"

先生解释道："从人的情绪上看，'乐'最好的状态就叫作平，这个'平'是终和的意思，最终达到的那个完美状态就是终和。《诗·小雅·伐木》上说：'神之听之，终和且平'，就是这样一个完美和谐的状态。'喜''乐'强调人的外在情绪，也强调人的内在情感，这两种状态酝酿到最终，所能达到的喜怒哀乐未发的局面，即'发而皆中节'的境界，就是中和的意境。平衡、和谐都和阴阳二气有关，都和音乐有内在的相通。文字是一种思维方式，音乐也是另外一种更高的思维方式。"

小雅思考着，也问道："先生，'平等'和'平均'之间有区别吗？"

先生笑道："当然有了。想要理解两者之间的区别，我们先来了解一下'均'。'均'是汉代的一种计量单位，一均约等于二千五百石。'均'的意思是相同、平分。举一个例子，海盗抢东西之后，唯恐分赃不均，一旦不均就会爆发矛盾。'等'强调的是等级、种类、品级、次第。大家看出其中的区别了吗？"

小雅回答说："'均'是绝对的，而'等'是相对的。"

先生点头，说道："是的！生活中很多人将'平等'和'平均'两者混为一谈，认为人和人之间平等，就是要平均，实则不然。打一个比方，'平均'就是圆中间画一条直线，将圆一分为二，每个半圆一样大小；'平等'虽然也是一个圆，中间却不是直线，而是太极图中的S线。我们知道，太极图中有两个部分，一个表示阴，另一个表示阳，大小一样。不过这两个半圆，处于一种动态变化的状态中，阴多则阳少，阳多则阴少，它们在运动过程中，形成一种此消彼长的关系。'等'强调的是时间差，是等一等的意思。因此说，天下之物很难有百分之百齐等的，孟子说'物之不齐，物之性也'，就是这个意思。"

鹿鸣接话说："怪不得俗语也说：'五个手指头伸出来还不一样长呢！'没有办法做到完全平均。"

先生继续说道："鹿鸣的比喻也通俗易懂。人和人之间所追求的平等关系并不是平均。你出口伤人，我也以牙还牙；你做了让我生气的事，我也要针锋相对，这是什么呢？这是平均。平均更多讲的是理，而人和人之间更多的是讲情。平均是对着干，而平等就是打太极。尤其在家庭内部产生矛盾的时候，不要得理不饶人。当讲理无法解决问题时，就讲情、讲恩；恩是互相成就，彼此退让，形成共生的太极关系。显而易见的是，太极图里的白色部分为阳，为义；黑色部分为阴，为恩。太极图里阴和阳一样多的情况转瞬即逝，就像月亮一样，圆了就马上开始缺。世间万事万物的道理莫不如此。"

同学们，"平"这堂课讲完了，你们掌握了吗？我们下一堂课再见！

第五十六课 春

甲骨文

在书院不远处的北山上,鹿鸣他们和先生一起,正兴致勃勃地沿着山间弯弯曲曲的小石径一路攀登而上。

山路两侧,翠竹摇曳,绿叶婆娑。鹿鸣擦了擦额头上的汗珠,一处凉亭遥遥在望,不由得欣喜地加快了脚步,还扭头鼓励其他同学说:"大家再加把劲儿,到亭子里我们好好休息一下。"

说话间,大家来到了亭子跟前。凉亭的两侧,篆刻着一副楹联,鹿鸣抢先念道:"春云夏雨秋夜月,唐诗晋字汉文章。"

此时先生也来到了亭子跟前,点头称赞说:"这副楹联很有意境,一个'春'开头,将春、夏、秋三个季节的特征和中华传统文化联系起来,别有韵味。"

杜若附和说:"在古人眼里,春是四季之中美好的季节之一,赞美和讴歌春天的诗词数不胜数。"

先生点头，道："说到'春'，咱们趁着休息的时间，一起来了解它的来龙去脉吧！"

鹿鸣笑着说："先生最喜欢寓教于乐了！这样的课堂才生动活泼，令人印象深刻。"

鹿鸣的话刚说完，先生已经在一块小白板上写出了"春"的甲骨文，为了加强同学们的理解，还画图加以引导，而后他用手指着说："同学们仔细看，甲骨文的'春'，由'日''草'和'屯'三部分组成，'屯'是春最早的写法，加上草和太阳，表示草木在太阳的作用下破土而出，万物欣欣向荣——这不正是春回大地的表现吗？"

小雅道："真的是太形象了，可以想象'春'一定有非常丰富的内涵。先生，为什么'春'中间会包含'屯'呢？"

先生点头，道："'春'的字义极为丰富。春是四季的开始，是世间万物生长的最佳时机。许慎在《说文解字》上说：'春，推也……草春时生也。'不难看出，春是推动草木生成的季节，正所谓'春生、夏长、秋收、冬藏'。古人富有智慧，他们通过观察植物的生长变化规律，并结合北斗斗柄的旋转方位，总结出了一岁一年四季循环的历法。时至冬至，虽然有一阳生，不过阳气被阴气压制，只有在立春时阳气解冻，形成阴阳交泰的格局，阳气充足勃发，有了足以让草木破土而出的能量。虽然中间的过程充满了艰难，然而生产之象已经显现，因此在'春'的中间，会有'屯'。"

此时几只五彩斑斓的蝴蝶翩翩起舞，从附近的花丛中飞了过来，仿佛也被先生精彩的讲解所吸引。

先生继续道:"《尔雅·释天》上说:'春为青阳,春为发生,春秋繁露。春者,天之和也。又春,喜气也,故生。'这句话主要是说,春处在天地阴阳交泰平衡之时,能生发万物。其中的'春秋繁露'一语,就是指春天繁殖、秋天结果的含义。同学们可以想象,春回大地时万物复苏,草木萌发,处处莺歌燕舞,一派生机盎然的景象,青阳正是对春色最好的摹绘。古人把开创华夏文明的羲皇列在五帝东方青阳之位,正是盛赞羲皇的文明肇造之功!"

小雅问道:"先生,'东方春'为什么会有这样的说法?"

先生解释道:"《尚书·大传》上讲:'东方者,何也?动方也,物之动也。何以谓之春?春,出也,故谓东方春也。'我们看甲骨文的'春',描绘的正是冬去春来冰消雪融、阳光普照,草木破土而出的蓬勃景象。《易经·说卦传》上也讲解说:'帝出乎震。'震即为动,震为东方。古人擅长将空间和时间结合起来,春属东方,属五行之木。古人将最好的神、兽都给了春天,《礼记·月令》上记载:'春,其帝太昊伏羲,其兽为苍龙,其日甲乙,十天干也,从春开始。'混沌的无极正因为有了这一动,才有了阴阳之分,从阴阳而成太极,从太极而成四象,以成万物,因而许慎说'春,推也'。"

鹿鸣一边领悟着先生的话语,一边道:"先生,春如此美好,为何古人造字时,将'春'作为'蠢'的偏旁部首呢?"

先生微微一笑,回答说:"鹿鸣的这个问题非常有趣,也是我们理解'春'的一个知识点。《汉书·律历志》和《风俗通》都记载说：'春，蠢也。'有时嘲笑一个人愚笨的时候，会说'蠢'这个字。然而古人却将其与'春'联系，这里面又是什么道理？'蠢'是在'春'下面加上两条虫，难道说春天的虫子愚蠢吗？当然不是。老子讲'大智若愚'，'愚'和'蠢'经常连用，其意义也大致相同，重在说对方认真可爱的样子。"

听到这里，同学们都纷纷睁大眼睛，似乎难以理解。

先生进一步举例讲解："比如立春前后的元宵夜，那些众里寻他千百度的红男绿女，果真只是为看花灯去的吗？显然不是。情窦初开的他们，因为恋情哭哭笑笑的样子不是又蠢又可爱吗？千年之前的一个草长莺飞的季节里，蠢蠢可爱的许仙将要在断桥上和白娘子相遇；还有那刚出生的婴儿肚子饿了，哭闹着要吃奶的样子，不也是蠢蠢欲动、憨态可掬的模样吗？"

先生幽默风趣的话语逗笑了大家，杜若紧跟着补充说："除了许仙和白娘子，《红楼梦》中的大观园里，傻傻的宝哥哥不也经常去探望痴痴的林妹妹吗？"

先生点头，总结说："所以说，春者，蠢也，纯也，醇也。'春'丰富的内涵正在于此。"

说到这里，先生提问说："同学们知道籍田礼吗？"

"籍田礼？"鹿鸣疑惑地重复道。

先生点头："对，就是籍田礼。古人云，一年之计在于春，人勤春来早。古时候的春节其实是指立春这一天，古代称'元日'或'元旦'。立春，是古时最为隆重的国家庆典。每当此时，天子要提前三日斋戒，然后率文武百官前往京城东郊举行盛大的迎春仪式，以祭祀昊天上帝。到达地点之后，天子要颁布春季的国家各项政令，如命整修典籍、观测天象、祭祀奖赏等。接下来便是重要的籍田礼——天子亲自耕田，以作为天下劝农的榜样。还有很多具体的规定：诸如祭祀山川、教习乐舞、禁止伐木狩猎、禁止征战等。我们抬头仰望星空，古人还给天上角宿的一颗星命名为天田星，就是人间籍田礼的投映。"

小雅提问说："听先生这样说，可见'春'在古人的心目中非常重要。我所知道的是，'春'同'屯'（zhūn），看来'屯'才是理解'春'内涵的关键所在。"

先生赞赏地看了小雅一眼，表扬道："小雅的问题，也是我今天讲述的重点。什么是春天呢？诗人会回答你一大堆风花雪月的东西。哲人呢？也许只有寥寥数语，却足够回味千百年。'春者，推也；春者，出也。'虽然只有简简单单两句话，里面却蕴藏丰沛的学问。春，推什么？又是什么推发出来？想要理解这一问题，就要从'春'的字根'屯'说起。'屯'的甲骨文像是草木出芽、柔弱卷曲的形状。每当春回大地时，草木种子最早感应到地气的上升，它们便会撑破坚硬的果核而生出柔嫩的新芽，努力峥嵘，奋发向上，直到长成小草野花或者是参天大树！然而在此之前，它或许不过是一粒从飞鸟口中掉落在荒野间微不足道的种子而已！"

杜若认真地听着，也不由得感慨："无论是泰山之巅的松柏，还是荒野上的卑微野草，总会让我们发出对生命坚韧的赞叹与敬畏。"

先生由衷地补充道:"是啊!我想,孔子当年一定是体悟到了草木之形、之性,才会有'岁寒然后知松柏之后凋也'的感叹。当鲁哀公向他问政时,孔子才有'天道敏生,地道敏树,人道敏政'这样的经典之语。天地自然,伟大崇高,因此老子才说'人法地'。当观察婴儿从母腹中躁动而后呱呱坠地的样子时,就会明白'屯'更深刻的含义,特别是婴儿吸吮母乳时的神态。他们从此开始在人生的长河里,要经历未知的疾病、冷暖、跌倒、苦难,才能成长为一个伟岸挺拔的男儿,或是一个亭亭玉立的少女!这时你就能明白孔子为何会有'天道敏生'的回答了,更能领悟到《易经》中'天地之大德曰生''生生之谓易'背后的大道境界。"

说到这里,先生望着眼前的群山,动情地说道:"'春'为草木出生之象,为所有有利于生命成长环境和因素的集合,所以蕴含希望的意义。天地自然如此,人类社会也是如此。在中国人崛起于东方的艰难旅程中,如果把新中国的成立比喻成'冬至一阳生',那么改革开放'有个老人在南海边画了一个圈'就是'春天里的故事'了,它带给了中国人希望,向世界展现中国的新气象……"

同学们,"春"这堂课讲完了,你们掌握了吗?我们下一堂课再见!

第五十七课 夏

金文

历史博物馆中人群熙攘，鹿鸣他们在先生的带领下，穿梭在历史的时空中，一件件精美绝伦的文物，写满了千年的荣耀与沧桑。

在一处陶器的展示窗前，杜若停下了脚步，她左看右看，又向鹿鸣他们轻声示意道："你们快来看，这件陶器的造型很有趣，古朴厚拙，不知道有什么用处。"

小雅低头查看展示窗外张贴的标签，对杜若说："这是夏朝文物，叫陶豆底座。"

此时先生也走了过来，他先是仔细观察了展示窗内的陶器，然后对大家说："这件夏朝文物原本是古人盛放食物用的陶器，它的上面应该有一个圆盘，甚至应该还有盖子，可惜遗失了。"

杜若道："大禹治水成功后，他成了部落联盟的首领。后来他的儿子夏启建立起了夏王朝,夏朝是中国历史上第一个王朝。先生,能不能为我们讲一下'夏'的故事呢?"

先生笑意吟吟地点头答应,他指着展示窗左边的"夏"说:"正好这里有'夏'的金文,同学们仔细看,'夏'的金文像不像人形?上面是大大的头颅,下面是走动的脚,两边是手。最早的时候,'夏'指的是大禹的大人形状,后来指夏季。"

鹿鸣问道:"先生,夏王朝的国土面积和今天的一般大吗?"

先生摇头道:"许慎在《说文解字》上说:'夏,中国人也。'当时的夏王朝,主要管辖范围在今天的中原地区。大禹定九州时,'任土做贡',后又定五服:就是以天子之国为中心,依次以五百里的距离而定甸服、侯服、绥服、要服、荒服。五服是夏王朝管理的一种政策,以与天子的亲疏远近来确定各个诸侯国的权利义务。据说禹在位期间,疆域约五千里。因此《尔雅》上说:'夏,大也。''夏',就是形象地表示王'手脚'(管理)所触及的最大范围,故为大。'大'与'夏'皆象人形,'凡物之壮大者,称为夏'。所以'夏'有大的意思。"

小雅提问道:"先生,《公羊传》上说:'春秋内其国而外诸夏。'这里的'诸夏',就是您刚才所说的五服诸侯吗?"

先生点头,道:"是的!也正是从此时开始,我们以华夏自称。汉代经学家孔颖达说:'中国有礼仪之大,故称夏,有服章之美,谓之华。''华'是表示中华文明的灿烂盛开之状,'夏'则是表示中华文明的博大精深,无所不包。当时在夏王朝的周边,还有一些少数民族部落,他们被称作夷狄,夷狄称呼夏王朝的民众为夏人；到了汉朝，汉武帝征灭匈奴，国家强盛，汉人的称呼又遍及宇内；开创大一统局面的秦朝，世人以秦人相称；繁荣昌盛的唐王朝，唐人的名号流传至今——即使到了现在，世界各地中国人聚集的地方，还被称作唐人街。"

杜若问道："先生，'夏'后来表示夏季，这是什么缘故呢？"

先生解释道："刚才我说了'凡物之壮大者，称为夏'，'夏'有大的意思。在一年四季之中，夏季是万物生长最为旺盛的时期，四时之夏，以长养万物为大，因而才借'夏'为夏季，这里是取其蓬勃生长之貌。《礼记·月令》上说：'南方主夏，其帝为炎帝，其兽朱雀，五行属火。'为什么会这样说呢？因为上古时期的神农炎帝，遍尝百草，济世为民，传说这一历史时期也是人口大量繁衍的时期；而朱雀是美丽的凤凰，火形外实内虚，把光明给予别人，也和'夏'的含义一致。"

一旁的听众也神态恭敬地说："先生，您对'夏'的讲述太精彩了，可以为我们讲一讲有关立夏的知识吗？"

先生含笑示意，讲解道："立夏，是夏季的第一个节气，表示温暖的春季已经结束，炎热的夏季即将开始。此时北斗星的斗柄指向东南方。《历书》上讲：'斗指东南，维为立夏，万物至此皆长大，故名立夏也！'立夏的'夏'也是大的意思，指春天播种的植物到了这个时候已经直立长大了。"

听得津津有味的听众赞叹道："古人富有智慧，有立夏，还有立春、立秋、立冬，这样一来，一年四季都泾渭分明了。"

先生继续讲述道："立春、立夏、立秋、立冬，合称四立。

四立古称四维：立春，报德之维；立夏，常羊之维；立秋，背阳之维；立冬，蹄（tí）通之维。《淮南子·天文训》对此解释说：'帝张四维，运之以斗。'《尚书·尧典》上记载说：帝尧'乃命羲、和，钦若昊天，历象日月星辰，敬授民时……以闰月定四时，成岁'。'敬授民时'就是定了四中，又称四正，就是指春分、秋分的二分和夏至、冬至的二至。四立和四正合称八节，以应伏羲八卦。二分二至组成中间的'十'字架，为正东、正南、正西、正北方。其中四立为四个角，东南、东北、西南、西北四方。立春为东北，立夏为东南，立秋是西南，立冬是西北。所以有'斗指东南，维为立夏'的说法。"

听先生讲述了这么多，鹿鸣赶快将水杯递给了先生，先生喝了两口水后，继续道："四立，又分启和闭两大类。立春、立夏为启，万物生长；立秋、立冬为闭，万物闭藏。立春时阳气初生，万物复苏，萌芽生长。立夏时'万物至此皆长大'，然而还需要一段时间的生长，'阳长'四十五天，直到阳气极致后的夏至日，则生一阴！明人高濂在《遵生八笺》一书中写道：'孟夏之日，天地始交，万物并秀。'孟夏是指夏季孟夏、仲夏、季夏三月中的第一个月，孟夏之日也就是立夏之日。这个节气中，万物并秀！秀，即禾苗怀孕之象。"

先生的话语让周围的人发出了会心笑声。

小雅道："先生，将一岁之中的农作物比作人的一生，孟夏时的农作物就像人过了童年，进入青少年。这时它们开始发育，逐步进入成熟时期，就像长大的姑娘一般十八变。"

先生点头,补充道:"你的理解还不完整。《月令·七十二候集解》上说:'夏,假也。物至此时,皆假大也。'为何这样说呢?原来这个时候的作物虽大,却未结出沉甸甸的果实,所以被称为'假大'。农作物如是,人亦如是,万象皆然!再以我们的国家为例,如果说改革开放是中国人的春天,那么现在接近'两个一百年'就是我们的夏天,无论是城市的基础建设,还是民生、军备、科技,无一不是蓬勃发展的大好时期,正如这炽热的夏天一般。自古以来中国的引领者都有'天下'之胸怀,在自己壮大的时候也会心系天下,如'一带一路'倡议、'人类命运共同体'等。在这个大时空的'夏天',我们始终保持与'诸夏'之友好,永远肩负华夏之重责!"

同学们,"夏"这堂课讲完了,你们掌握了吗?我们下一堂课再见!

第五十八课 秋

甲骨文

课间休息时，鹿鸣站在书院里的柳树下，抬头张望着什么。

杜若看他认真的模样，笑着说："怎么了，鹿鸣？发现了树上有什么宝贝吗？"

鹿鸣向杜若轻轻摆摆手，然后说道："哪有什么宝贝呀！我是在寻找蝉，感觉这两天蝉鸣的声音没有以前那么嘹亮了！"

一旁的小雅回答说："当然了，今天立秋了嘛！一入秋，蝉的生命就进入倒计时。"

"今天立秋？"鹿鸣先是一愣，接着恍然大悟，"怪不得早上妈妈说，以后早晚温差大了。不过为什么蝉一到秋天，剩下的日子就不多了呢？我去问问先生。"

鹿鸣转头看到先生就站在不远处，于是连忙跑了过去问道：

"先生，可以讲一下秋天和蝉之间的关系吗？"

小雅和杜若她们也紧随其后，来到了先生的身边。先生先是向不远处的柳树看了几眼，然后笑道："是不是感觉蝉鸣声弱了很多呢？蝉生于夏，终于秋，每只蝉的生命只有短短几十天的时间。而且蝉对天气温度要求很高，立秋之后，昼夜温差大，蝉的活力就大大减弱了，晚秋之前，蝉便会了无踪迹。"

鹿鸣怏怏不乐地说："好可惜，院子里没有了蝉鸣，感觉少了什么似的。"

先生笑了，道："没有了蝉，可是其他昆虫开始活跃了呢！大家想一想，都有哪些呢？"

小雅反应迅速，回答说："有蟋蟀，还有蝗虫。秋天的夜晚，草丛中到处都是蟋蟀此起彼伏的鸣叫声；古时夏秋之际，人们最害怕闹蝗灾，这时是蝗虫活跃的高峰期。"

先生一边听，一边在地上写出了"秋"的甲骨文，然后示意同学们观看说："大家仔细看一下，这个'秋'像不像一只蟋蟀或者蝗虫呢？"

鹿鸣连连点头："对，太形象了！"

先生道："甲骨文中的'秋'，为什么像一只蟋蟀呢？古人认为蟋蟀一般在秋天鸣叫，以此来表示秋天。'秋'的甲骨文看起来也像一只蝗虫的形状，有流传下来的甲骨文还加了一个'火'字旁，表示火烧蝗虫的含义。从蝗虫的生活习性上看，它们每年夏秋产卵，成虫危害极大，如果遇到大的干旱，蝗虫更会泛滥起来，此时恰好是谷物成熟期，会对农业造成极大危害，因此从古至今秋季最重要的事情，就是防止出现蝗灾，古时缺乏必要的灭蝗措施，火烧蝗虫是最高效的一种方法，因此，蝗虫就代表了'秋'。在甲骨文的卜辞中多次出现关于蝗灾的占卜，说明殷商王朝对蝗灾非常担忧和重视。"

杜若点头说："我以前只知道秋天是四季之一，想不到它蕴含如此丰富的信息。"

先生补充道："'秋'的本义指禾谷熟了，后来也统称成熟的庄稼为'秋'。比如孟夏时候的麦子熟了，也叫作麦秋。本义之外，'秋''春'对，古时常用'春秋'来指时间，比如我们常说的'几度春秋'就是如此。其实单独用'秋'或'春'也一样表示一年或当下的日子，或者表示某一时期、某一时刻等。如柳宗元的'海鹤一为别，存亡三十秋'；诸葛亮的《出师表》中也有'此诚危急存亡之秋也'等，都是对时间的表述。'秋'还有愁的意思，因为一到秋天就担忧蝗灾，于是引申为愁。"

小雅问："先生，春为万物生发的季节，秋代表什么呢？"

先生解释说："'秋'为四季之一。'秋，归也。'春为启，为屯，为发，植物冲破泥土努力生长；秋为闭，为归，秋天时植物果子熟了，叶子黄了，都要回归大地。在十二地支里，春在寅，为希望，为天地交泰之卦；秋在申，为地天否卦，为肃杀之象。古时诗人写诗词的时候心情不好，就常以悲秋的笔调来抒发情感。在中国人的智慧里，西方为秋，为白色，五行属金，为'元、亨、利、贞'的'利'。秋还是行刑的季节，古代的罪犯要等到秋后处斩。中国的先哲们总是能够客观地观察到自然现象中的正反两面，因此'秋'也有多事之秋的含义在内！"

杜若说道："先生，今天是立秋的节气，请给我们普及一下这方面的知识吧！"

先生点头，说道："古人根据四季的特征，总结出天人合一、顺其自然的养生之道：春生，夏长，秋收，冬藏。自然界的万物，包括人类在内，莫不遵循着这样的规律。立秋是二十四节气中第十三个节气，是秋季的第一个节气，古语云'一叶落而天下知秋'。正所谓'熟蒂落'，秋季也是万物成熟的季节。《黄帝内经》所言：'天地无私，四时不息。天地立，圣人故载。过极失当，天将降央。'自然界的天与地，正是运用春夏秋冬四季的变化而周期性流转不息。"

小雅也提问道："先生，听大人们说，有早立秋和晚立秋之说，这是什么意思呢？"

先生解释说："如果是在白天的上午立秋，即在中午12点钟之前立秋，那就是早立秋；如果是在中午12点以后立秋，那就是晚立秋了。2020年的立秋时间是8月7日09:06:03，因此是早立秋。民间谚语说'早上立秋凉飕飕，晚上立秋热死牛'，说的是早立秋后会很凉快，酷暑天将很快结束，取而代之的将是凉爽的秋季。反过来，天气还要热上一段时间。"

鹿鸣问："先生，今年早立秋了，是不是会非常凉爽了呢？"

先生摇头，说道："立秋并不代表酷热天气就此结束，初秋期间天气仍然很热。所以有'热在三伏，秋后一伏'的说法，立秋后还有至少一伏的酷热天气。为什么会这样呢？这还要从三伏说起。三伏有初伏、中伏和末伏之分。按照三伏的推算方法,立秋时往往还处在中伏期间,酷暑并没有过完,真正凉爽一般要到白露节气之后。"

小雅点头,道:"我明白了。热与凉的分水岭在秋季,而不是在夏秋之交。秋天的气候分为两个阶段,初秋闷热,仲秋后趋向干燥、凉爽。秋天是一个暑热与凉寒交替的季节。"

先生点头,道:"秋天时太阳依然艳阳高照,秋雨也绵绵不断,不过吹过来的风,已是凉风了,从而昼夜温差大。这样的气候,也促使大地孕育它最后的累累硕果。"

同学们,"秋"这堂课讲完了,你们掌握了吗?我们下一堂课再见!

第五十九课 冬

甲骨文　　金文　　篆文

讲完了"秋",鹿鸣意犹未尽,向先生提议:"先生,春、夏、秋都讲完了,可不可以再讲一讲'冬'呢?"

先生点头,转身在黑板上写下了"冬"的甲骨文、金文以及篆文。

杜若仔细将"冬"的几种字形看了一遍,问道:"先生,甲骨文中的'冬',看起来像是在绳子的两端打上结,这是表示古人'结绳记事'的含义吗?"

先生摇头,说道:"甲骨文中的'冬'在绳子两头打结,是表示'终了'的意思,所以甲骨文的'冬'本义就是终。比如在长沙马王堆汉墓中出土的帛书《道德经》上面就这样记载说:'飘风不冬朝,暴雨不冬日',这里的'冬'就是终的含义。现在不少版本的《道德经》,这句话里面的'冬'直接写成'终'。

我们再看在'冬'的金文中加了一个'日',表示一个纪时周期的结束;在'冬'的篆文中,在原有字形下方又加上了冰的符号'仌',指时序终了,结冰成冻的冬天。"

杜若点头,说道:"原来'冬'还有终了、结束的含义呀!古汉字真是内涵丰富。"

先生点头,补充道:"最初的'冬'就是'终'的象形,绳子折弯后,末尾两端打结,表示结束。不过也有人把它解释成'踵',表示人体的末端,他们认为折弯的绳子指人体的两条腿,末端为脚跟,即'踵'。冬季为水德,肾主水,脚后跟为肾经反射区,这也是'冬'的含义。许慎在《说文解字》上说:'冬,四时尽也。从仌,从夂。夂,古文终字。古文冬从日。'许慎生活在东汉时期,当时的历法已经非常完备,不仅四季之说已经成熟了,而且有了二十四节气的完备划分,此时的'冬'借'终',指冬季的'冬'。"

小雅问道:"先生,春为启,秋为闭,可以说冬为藏吗?"

先生回答说:"可以的!《周礼》上讲:'春耕、夏长、秋收、冬藏。'正因为有'冬'的藏,才能在来年进行春耕。《后汉书·张纯传》上说:'冬者,五谷成熟,物备礼成。'《月令·七十二候集解》中,对'冬'的解释也是如此:'冬,终也,万物收藏也。'这句话的意思是说,秋季作物全部收晒完毕,然后一一收藏入库,大自然中的动物,也开始藏起来准备冬眠了。因此说:'冬,藏也、固也、贞也!'不仅藏,还要固,并且一直到贞,这样才能开始另一个'元',即春耕夏长。"

小雅点头，道："我明白了先生，'冬'和'夏'相对，夏长固然是美好的，但没有前面的冬藏贞固，夏长就是空谈。"

鹿鸣此时也提问说："先生，为何说冬天是另一个'元'的开始呢？"

先生整理了一下思绪，解释说："四时是古人分辨时间的智慧所在。斗柄北指，天下皆冬。冬季在八卦里为坎，故说'冬，盛德在水'。河图'天一生水'，万物生于水，'地六成之'，'六'乃阴数之极，故万物又终于水。'一'为阳生，'六'为阴极，所以冬不仅指立冬的万物归藏，还有冬至的一阳复始，这就是阴极而阳生的写照。古汉字中的'春'，从屯从日，'夏'从从日，'秋'从禾从日，因此《说文解字》的'冬'，也从日。日被包在里面，既表现了外面无太阳照耀的寒意，也是一阳复始、内中藏阳的含义。"

鹿鸣赞叹说："先生讲得太深奥了，也恰恰说明每一个古汉字的后面都蕴藏有智慧。"

先生赞许地看了鹿鸣一眼，说道："通过这段时间的汉字学习，鹿鸣掌握和领悟到了很多知识。……古人的易道思维讲究'成终成始'，而不是'成始成终'。'终'在'始'的前面，可见'终''冬'的重要性！知道了'终'，才能有更好的开始，这也是'以终为始'道理的体现。正因为如此，中华民族一直以'慎终追远'作为核心的社会礼仪。《礼记·月令》上记载说：'立冬之日，天子亲率三公、九卿、大夫以迎冬于北郊。还返，赏死事，恤孤寡。'它的意思是说，立冬那天天子亲自率领三公、九卿、大夫等臣子，前往北郊举行迎冬的祭祀。回来后在朝廷上赏赐为国牺牲的人，抚恤死者的寡妻与孤儿。"

先生看着下面认真听讲的同学，继续道："古代冬季的祭祀活动是最多的。中国文化的智慧，其实质就是这样一个与天地共参的思维，四季如此，人生也是如此。比如在求学过程中，没有前面的学习积累，哪有后面的厚积薄发呢？国家也是如此，没有隐忍，又哪来的奋发崛起呢？我们还要知道的是，万事不能做尽，万物不能用竭，适可而止，取之有度！这是天地运行的法则，因此中国人自古以来就一直有储备、存储的习惯。然而现在很多人的生活都被各种欲望所牵制，不断地透支身体的健康，最后焦头烂额，不知活着的意义是什么。"

同学们，"冬"这堂课讲完了，你们掌握了吗？我们下一堂课再见！

第六十课　陪伴

篆文

篆文

　　一大早，鹿鸣和小雅他们就一起来到了书院里，准备学习新的古汉字。

　　猫妈妈带着小猫，早早地等候在书屋的门口。一看到鹿鸣的身影，猫妈妈就发出"喵喵"的叫声，似乎在欢迎着学子们的到来。

　　鹿鸣上前轻轻地抚摸了小猫咪一把，感慨地说："小猫咪有猫妈妈陪伴，多么幸福啊！"

　　先生在书屋里接口道："今天我们就学习'陪伴'这两个古

汉字,同学们快进来吧!"

黑板上,先生早已将大大的"陪"写了出来。

小雅道:"先生,'陪'的左边,怎么像'阜'啊!"

先生笑了:"就是'阜',高山的含义。'陪'的右边是'音',表示双倍的含义。《说文解字》对此解释道:'陪,重土也!'即重叠的土堆。后来它的意思一直在延申,比如陪都、陪席。除此之外,还有辅佐、协助的意思。"

小雅提问道:"先生,古文中常常看到'陪臣'这一词语,这是什么意思呢?"

先生道:"我们以管仲为例。管仲对周天子称自己为陪臣,因为管仲为齐桓公之臣,齐桓公为天子之臣,所以管仲对于周天子来说就是陪臣了。"

说到这里,先生又在黑板上写下了"伴"的篆文。而后他指着这一古汉字讲解道:"同学们认真看,'伴'表示两人并立的样子,就像是人们一起并肩游玩的模样。《说文解字》上讲:'伴者,侣也。侣也,依也。'白居易在《母别子》一诗中写道:'不如林中乌与鹊,母不失雏雄伴雌。'这里的'雄伴雌',就是伴侣的意思。"

杜若问:"先生,'陪'和'伴'之间的区别是什么呢?"

小雅道:"对对!先生,在日常用语中,为什么说'伴侣'而不说'陪侣'呢?为什么说'伴郎'而不是'陪郎'呢?为什么是'伙伴'而不是'伙陪'呢?"

先生笑了,道:"汉字是非常精准的语言,不能凭空地去套用。不同的组合，有不一样的含义和不一样的侧重点。'陪'指的是两座山在一起，即空间上在一起，却缺乏心与心之间的沟通和联系，因此'陪'在组词时，多指和不是很亲密的人在一起，如陪吃、陪喝。而'伴'指两个人在一起的关系更为亲密一些，如伴侣。同学们想一想，是伴侣亲密呢，还是客户亲密呢？当然是伴侣亲密一些，是不是呢？"

小雅几个频频点头，为先生深入浅出的讲解而点赞。

鹿鸣突然灵光一闪，问道："先生，为什么说伴君如伴虎，而不是说陪君如陪虎呢？难道君臣之间的关系很亲密吗？"

先生道："这个问题提得很好。一般关系用'陪'，但是和皇帝在一起大臣们是不是需要特别用心呢？所以用'伴'而不用'陪'。"

小雅总结道："我明白了，先生！'陪'是指人们空间上在一起，而'伴'指心灵上在一起。'陪'无非是花点时间，是表面功夫；'伴'则需要花点心思，是真心实意，一定是付出了真情实感。"

先生道："是的！两个汉字组合在一起，表达的是一种亲子的关系。在亲子关系中，其核心就是给予孩子高质量的陪伴。生活中，一些家长想当然地认为，只要天天陪着孩子，孩子就会变成自己理想的样子。实则不然，缺乏用心的'伴'，很难等价换来孩子的感同身受，自然不会让孩子有多大的改变。"

同学们，"陪"和"伴"这堂课讲完了，你们掌握了吗？我们下一堂课再见！